ものづくりの魅力

中学生が育つ技術の学び

技術教育研究会・編

一藝社

はじめに

「自分でものをつくる・やってみる」人々が増えている！

ものづくりや身の回りの修理・修繕などを、自分の手でやってみよう！

こうした活動、考え方は、ＤＩＹ（Do It Yourself）ともいわれており、近年、多くの人々の関心を集めています。

なぜ、人々は、わざわざ手間と時間をかけて「自分でやってみる」のでしょうか。「安く済むから」「自分でやったほうが早いから」という理由もあるとは思いますが、多くの人々は、「自分でやってみてはじめてわかることがある」など、物質的な豊かさだけでは説明しきれない魅力や価値を感じているのではないでしょうか。

私たちは、ものづくりなどの「自分でやってみる」活動には、子どもたち、とりわけ中学生を大きく成長させる可能性が秘められていることを見出しました。それをお伝えするために本書をまとめました。

ものづくりで子どもが成長するってほんと？

子どもにものづくりを体験させたい！　と思っている方は多いと思います。休日に子どもと一緒に何か簡単なものを作ったり、家庭菜園を楽しんだり、ものづくり体験教室に参加したり……。こうした活動のなかで、私たちは、子どもが夢中になって取り組む姿に出会うことができます。子どもが熱中してものをつくりあげていく姿を見ると、彼／彼女らの成長に何らかの良い影響を与えているのでは、と思わずにはいられません。

では、ものづくりによって、子どもはどのように成長するのでしょうか。そもそも、ほんとうに、ものづくりで子どもは成長するのでしょうか。本書は、子どもたちがものづくりのなかで成長していった実例を示します。

ものづくりで中学生は何を学んでいるのか？　に注目しよう

本書を執筆した私たちは、日々、ものづくりを通して中学生を育てている技術科の教員です。私たちは、ものづくりを通して中学生が学び、大きく成長する姿を目の当たりにしてきました。

中学生に限らず、多くの子ども・青年たちは、ものづくりが大好きです。自分で思い通りのものをつくってみたい、やってみたいと願っています。一方で、現代の多くの子ども・青年たちは、生活の中でものづくりに取り組む機会が乏しく、やってみたいけれどどうすればよいかわからない、うまくできる自信がない、自分は不器用だ・苦手だと思い込んで自分から積極的にチャレンジできない子どもが多いのも現実です。

しかし、そんな子ども・青年たちも、適切な環境や支援があれば、大人の期待や予想を超えるほどの素晴らしいものづくりをやり遂げ、それを通して人間的に大きく成長していきます。

その実例として、本書は、中学校技術科の授業における4つのエピソードを紹介します。これらのエピソードは、生徒の感想文やレポート等から生徒の生の声をひろいあげて構成したものです。そこには、ものづくりに取り組む前後で、自分自身や他人、身近な製品などのすごさ・おもしろさに気付き、より積極的に世の中の物事と関わろうとしていく、生徒の内面の変化や学びが豊かに語られています。

本書は、ものづくりや技術の学びが子どもの成長に大きな価値があることを示しています。その意味で、本書の内容は、技術科の先生はもちろん、中学生の保護者の方々、子ども・青年に関わるすべての人々に「ものづくりにはこんな価値があったのか！」「確かに、そうだよな」など、新たな発見や共感をもって読んでいただけるはずです。

（柴沼俊輔）

もくじ

●表紙デザイン：アトリエ・プラン

第1章　道具には夢がある

包丁を研ぐ課題

お風呂場で砥石を水に沈めてから、一生懸命「シャーシャー」と良い音を出して研いでいました。1本は値段の高い物、もう1本は、安めの物。高い値段の包丁はとても良く切れるようになり、びっくりしました。安い値段の包丁を研ぎ終えた時、「この包丁、刃返りがない」と言っていました。私には恥ずかしい話ですが、研いだことがないのでわかりませんでしたが、どうも安い包丁には刃がないのか、刃がなくなってしまったのか……。最初から全くという感じで切れない包丁でしたが、研いでもらってもやっぱり切れませんでした。(値段の高い包丁は) 良く切れるようになり、調理も楽しくなりました。娘は「包丁の研げる、良いお母さん」にきっとなりますネ! ありがとうございました。(母親)

授業でかんなの刃を研ぎ、夏休みには家にある包丁を研いで、切れ味について感想をもとめました。包丁研ぎはかんなの刃研ぎの応用に見えても、実際は、あらたに考えなければならないことがたくさんあります。

生徒たちは、かんなを研ぎながら何を感じ、どうかわったのか。包丁研ぎは家族でどんな話題になり、生徒は何を思ったのか。感想文をてがかりに追跡します。

1　かんなの刃を研ぐ

（1）中学生にできるのか

「かんなが切れない」……生徒も先生も困っていました……

切れないかんなは、私も生徒も悩みのタネでした。のこぎりで切った後は、木口をかんなで平面にしないと組み立てたときにすき間ができます。木材加工は、すき間との勝負なので、切断面を削るかんなの切れ味は作品のできばえに直結します。かんなのかわりに紙やすりを使うと、切り口のかども削れて丸くなります。切断面を仕上げる作業での主役は、やはりかんなです。生徒は、切れないかんなにストレスいっぱいになっていました。

「やってもいいの？」……切れるかんながほしい……

かんなを研いでいる私のまわりに生徒が集まってきます。私の動作を見て、いろいろ質問がきます。「（気が散るなー……）」でも、「（研ぎたいのかな……）」。思い直して、「研いでみる？」、「やってもいいの？」。生徒たちは、すぐにかんなを持ってきました。流しはあっという間に定員オーバー。まるで百メートル走のスタートラインのようです。切れるかんながほしいという願いはこんなにも切実です。

「どんなもんだい」……やってみたらできた……

かんなが研げるとあって、生徒たちの目は輝いています。かんな身の正しい持ち方と研ぐ角度を絶対に変えない。この二つの要点を手短かに伝え、彼らのやる気に応えます。

「これでどうですか」。製作が早いくらいなので研ぐのも順調です。研ぐ角度を一定にすることができたからです。それなら刃先をさわるとザラザラ（刃返り）を感じるはず。これも刃先全体にしっかりあります。

「うーむ、初めてなのにすごいね、合格」。本人は、満面の笑みです。「……（どんなもんだい）……」。「じゃ、仕上げ研ぎだ。でも、刃返りをとる動作は一番危険だから気をつけないと切るよ」と、私。意外と順調にできたという気のゆるみと、早く削ってみたい気持ちは研ぎの危険を忘れさせます。

私は、中学生がかんなを研ぐのは無理だと思っていました。ところが、数人の生徒に研がせたら意外とじょうずにできました。中学生にもできたのです。

（2）全員が研ぐ

「手を切るかもしれない」……緊張します……

生徒にも研げることがわかったので、翌年から授業に研ぎを組み込みました。とは言っても全員の生徒がいっせいに刃物を扱うので、けがが心配です。どんなときにけがをするのか、事故の例を知らせます。

研ぐ時の緊張感はすごいもので、刃が欠けたらどうしようとか手まで切れないかなとか余計な心配をした。

正しい姿勢と動作がある……危険を回避するために……

かんなの研ぎでは十本の指それぞれのはたらきがちがいます。さらに、身体全体の姿勢や手足の位置、動かし方、

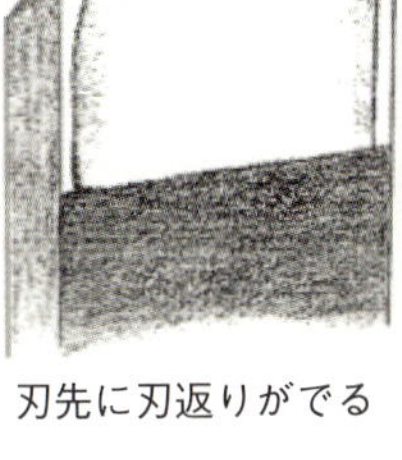

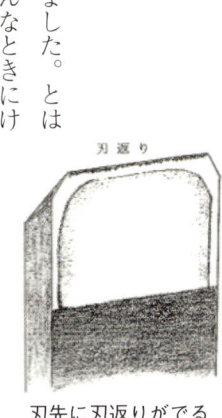

刃先に刃返りがでる

砥石に当てる角度を変えない

指の使い分けなど、こうでなければならないという強制的な内容がたくさんあります。これらは動作として理にかなっているばかりか、危険の回避にもなります。不自然な身体の動きはけがを誘発します。

生徒は、刃先近くに指をおくことをとくに怖がるので安全面での合理的な説明をします。合理的な動作は安全にもつながり、作業の結果も良好です。慣れてくると動作が自然になるとともに、研ぐ音も耳障りがよくなります。のこぎりでも、かんなでも、道具としてまっとうに機能しているときはいい音がします。材料に機能する道具の状況からも作業の適不適を知ろうとする感覚は、ものの製作にかかわる要点の一つです。

最も危険な作業は、反対側の面を研ぐ裏押しと、刃返りをとり、磨く仕上げ研ぎ。左手をかんな身を動かす手、右手（利き手）を押しつける手として強く意識して手の動きを区別すれば手を切ることはありません。右手を動かす手とすると、滑って指を切ることがあります。これは、包丁研ぎでも同じです。

研ぐ時の身体の向きと力の入れ方は、本当に難しくて大変だった。身体は、肩からどんどん右に向いていくし、力は利き手ばかりに集中してガクガクなるし、いいことが何もなかったけど、先生が、「まあまあだね！」って言ってくれた時は、やる気が出た。

研ぎのルール「たくさんあって驚き」……やってみないとわからない……

指＝しのぎ面を押す四本の指先は、できるだけ刃先に近づけ、力を入れる（生徒は、刃先は危険と感じているから指先が刃先から離れやすい）。ただし、指先が砥石に触れたまま研ぐと、皮がなくなり出血する。

脚＝右足（利き足）を少し引いて、左右の体重バランスをとる（両足を左右に開くと背骨が動く）。

裏押し

背骨＝腕に適切な角度を覚えさせるために、基準となる背骨は動かさない。前屈みになり、背骨を前後に揺らさない。動かすのは、腕だけ（背骨が動くとかんな身を砥石にあてる角度が変わりやすくなる）。

砥石＝全体を使うように心がける（砥石の中央がくぼむと、刃先も丸くなる）。

初めて自分の砥石を見た時は、「本当にこんな石で研げるの?」と思ったけど、やってみると刃先の置き方や身体の向き、力の入れ方、指のおき方と、研ぐには準備や覚えることがたくさんあって驚きました。

「刃返り」はあるか　……明暗の分かれめ　自己判定……

正常に研がれていれば、研いでいるしのぎ面には地金と鋼の接着面の境目がはっきりした平面になります。また、刃裏側の刃先には刃返りができるので、さわるとザラザラを感じます。刃先のどこをさわってもザラザラ感が同じであれば、仕上研ぎに進みます。

研いでいるとき、砥石にあてる角度が頻繁に変わるとしのぎ面はしだいに丸みを帯び、何本かの筋があらわれます。このときは、刃先が丸くなっているので刃返りはありません。

研ぐ時の持ち方や、力の入れ方、たくさんの事に気をつけながら研ぎました。研いだ刃先は鋼と地金の境界線がはっきりと分かったので、とても感動しました。

かんな身は、軟鋼の地金に鋼を鍛接してできています。刃先の部分だけに鋼を使っているので、正常に研がれていれば鋼と地金の境界がしのぎ面にはっきりあらわれます。鋼は鏡のように光を反射し、地金は均一なにぶい灰色です。

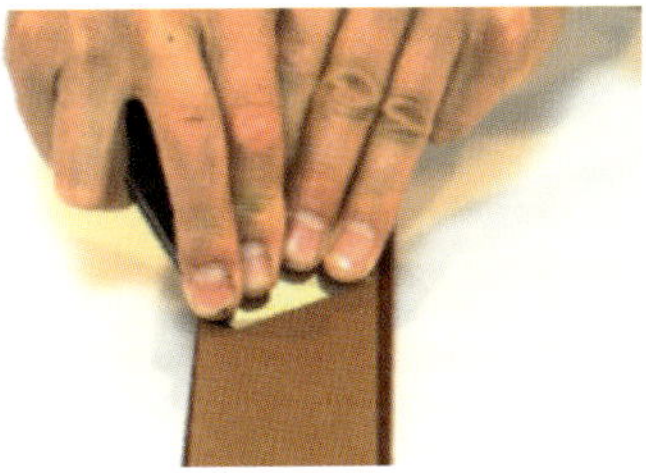

しのぎ面を研ぐ

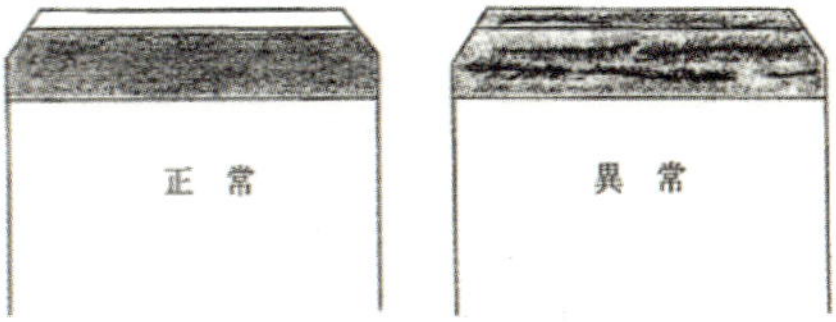

刃表のしのぎ面の正常と異常

（3）研ぎのゾーンにはいる

「何度やってもできない」……自分とのたたかい……

技能を身につける過程は、試行錯誤をくりかえす自分とのたたかいです。研いでいると刃先をあてる角度が変わっていることを示す縞模様がでることがあります。こうなるとしのぎ面全体が砥石に密着しないので、角度がさらにわからなくなります。

そこで、私の出番。しのぎ面のいちばん高い中央部を集中して研いで、砥石にあてる角度のよりどころとなる平面をつくります。そして、この平面を広げるように研ぐことをもとめます。これは難しいことですが、しだいに腕が正しい角度を覚えます。

僕は、砥石にしのぎ面を密着させるのがへたで、何度もしのぎ面に横しまが入ってしまいました。ですが、先生は、僕ができるだろうと思われるくらいのところまでしのぎ面を研いで直してくれました。

動作のポイントは、適切なタイミングで伝える必要があります。生徒の頭のなかでは問題点が相当に焦点化されているので、ここから外れた助言は逆効果になります。

「何で丸くなるんですか」……人ができるのにできない自分……

先生に見せに行ったら、「研ぐときに力を入れていないからこんないろんなとろに線が入る」といわれて、力を入れて研いでまた見せに行ったら、今度は、「刃先が丸くなっている」といわれて、なんで丸くなるんだろうと

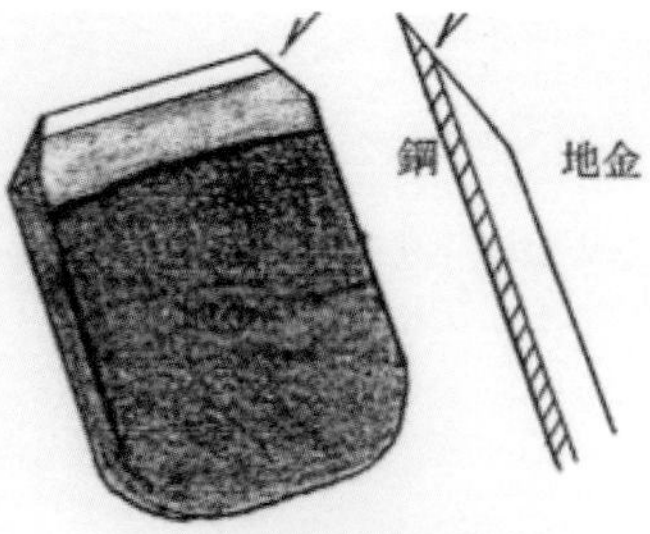

しのぎ面にみえる鋼と地金の境界

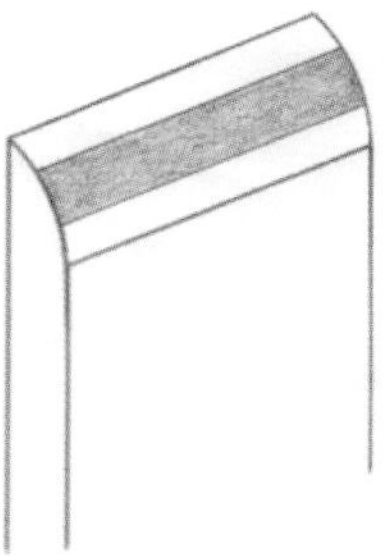
しのぎ面の中央部を平面にする

思いながら研いで、今度はいけると思って見せに行ったらまだ丸いといわれて、「なんで丸くなるんですか」って聞いたら、「一回一回角度が変わってるから丸くなる」といわれて、「ああ、そうか」と思って、角度に気をつけて研いでいるけど、とぎ汁が邪魔であまり角度が見えないし、なかなか難しいと思いました。

中学生に研ぎは無理と思われている理由は、「丸っ刃」になるからです。砥石の先端で刃先が砥石から浮いて、手元に引いた時に刃先だけが砥石にあたるような研ぎ方をすると刃先やしのぎ面が丸くなります。この生徒は、この問題の渦中にいます。

技能は外観上は動作です。なぜそのような動作をするのかには合理的な理由があります。しかし、理由が理解されても頭と手を結びつける神経のルートがすぐにはできないために、技能習得には困難がともないます。こんなとき、生徒の脳裏には、「自分は、昔から手先を使うことは苦手」、「みんなで一斉に始めたのに自分だけができない」など、さまざまな思いがよぎります。焦り、自尊心、劣等感、対抗心などが複雑にからみあって強い緊張状態にあります。生徒たちは、外見からはわからない、自分を乗り越えるたたかいのなかにいるのです。

「友だちに教えてもらった」　……仲間はいちばんの情報源……

腕の使い方も分かんないし、刃返りも出てくれなくて、つまんないので友達とおしゃべりした時もありました。でも、近くで友達が先生からアドバイスを受けているのを聞いて、押しつける力と研ぐ時のフォームが間違っていることに気づいて、もう一回やってみました。そのアドバイスを思い出しながら研いでいたら、刃返りも出てきたし、先生に見せに行ったらほめてくれたので、楽しいと思えるようになりました。

研ぐ作業は、集中が強いられるので気持ちも身体も疲れます。私は、「疲れたら休もう」としているので、傍からは遊んでいるようにみえます。彼女は、いやになって放棄するのではなく、自分も研げるようになりたかったので私の話を背中で聞いていたのでしょう。

初めての「無我」の境地　……フロー体験……

研ぎに集中すると「無心になれて、ふと時計を見ると、あれ、もう30分たったんだ」ということがよくあります。学級全体がかんなを新品同様の切れ味に復活させるという目標で活動し、自分の活動の結果が自己評価でき、すぐに作業にフィードバックできることのくり返しはしだいに集中を高めます。すると、時間の感覚や自分自身の存在にさえ意識がおよばなくなります。

中砥石で研いでいる時は、ただただ早く仕上げ砥石をやりたいと思っていました。そしたらすごく集中できて、心が「無」になったような時も何度かありました。心が「無」になったことがなかったので、いい経験ができました。まさか、技術の時間でこんな体験ができるとは思ってもいませんでした。

これは、フロー体験といわれるもので、この状態は、集中していることさえ意識しない居心地の良い時間です。「フッ」と我にかえったとき、はじめて自分がこの精神状態にあったと自覚します。これは、一種の幸福感であり、思わぬところで初めての不思議な体験ができたことに生徒は感動します。

（4）削る

かんなとの対話　……どう削れば薄くなる……

削りに夢中になっているシーンは、通常の製作とはちがう世界です。製作よりも削るほうがおもしろいのはなぜでしょう。どう削ればどんな削り屑になるか。予想と結果が短いテンポで繰り返されます。削るたびに削り屑の厚さと長さとして答えがかえってくるのは快感です。

「削っていくうちに、薄く削るコツを見つけました」。生徒たちは、研ぐときは砥石を介して刃先と、削るときは木材を相手にかんなと対話をしながら動作を検証しています。このときも意識は高度に焦点化されるので集中度が高く、周囲の人や物の状況は、意識からうすれます。

大工さんみたい　……より長く、より薄く……

【1】2mの削り屑

とても長い木を削ることになり、すごくうれしかったです。長い木は、削るのが大変で力を一定にしてサーッとやると言われた時は、難しくてうまくできないと思ってました。でも、うまくできました。

歩きながら削るとかんなにかかる圧力が変わりやすいので、削り屑の厚みが変わったり切れたりします。圧力の変化を最小限にするには、腕でかける圧力ではなく、体重の一部を腕に伝えるほうが合理的です。わきを締めてからだ全体でかんなを引くという、かんな削りの基本ができればうまく削れます。

【2】ティッシュの薄さ

20~40/1000mmの結果が出たので、今度は形にこだわってみようと思いました。友だちは薄さを極めていましたが、私は、形を極めて一緒に頑張る時もありました。

削る面と同じ面積で50/1000mm以下の薄さの削り屑を出すことを授業での目標としました。二枚重ねのティッシュペーパーと同じ薄さです。これを達成すると、生徒たちはより高い目標を独自に設定し、友だちとライバル関係になりながら薄さを競うなど、自分たちでたてた目標達成へのプロセスを楽しむようになります。削りでは、作業の結果を測定して確認する感覚

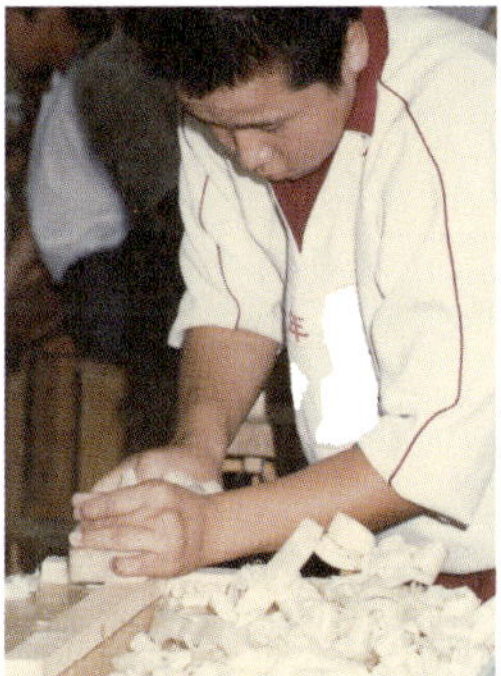

薄さを極める

も養われます。

生徒たちは、教師が設定した目標をこえたとき、自らの課題意識で学び始めます。このとき、生徒の意識は「大工さん」の仕事上の意識と融合することになります。ここに至るまでたっぷりと時間をかけ、生徒たちがみずからその先の学びをはじめる「学びの臨界点」に達するまで教師がリードすることが大事です。

すがすがしい気持ち　……刃を悪くすると思っていたのに……

研ぎと削りでの到達目標は最終的には生徒自身が決めることになります。生徒は、学びの臨界点をすぎ、自分がたてた目標を達成すると、さらにその上の水準に目標を更新します。このとき、近くには同じ目標を共有する複数の友だちがいます。ここでの協同は高みをめざす学びあいであり、生徒が最も楽しいと感じる時間です。

はじめは、「手が臭い」「爪の中にとぎ汁が入った」など、文句ばっかり言っていましたが、授業を重ねるにつれ、文句を言わなくなりました。友だちとどっちがキレイにできるか勝敗を決めたりで、ちょっとずつ楽しくなりました。先生から、「仕上砥石に変えてもいい」といわれ、研いでいたら刃先がどんどんキレイになっていくのがわかり、刃先は最初の時よりもキレイに感じました。そのかんなで削ってみると、削れました。その時始めの頃の不安は全部消え、とても嬉しく、すがすがしい気持ちになりました。

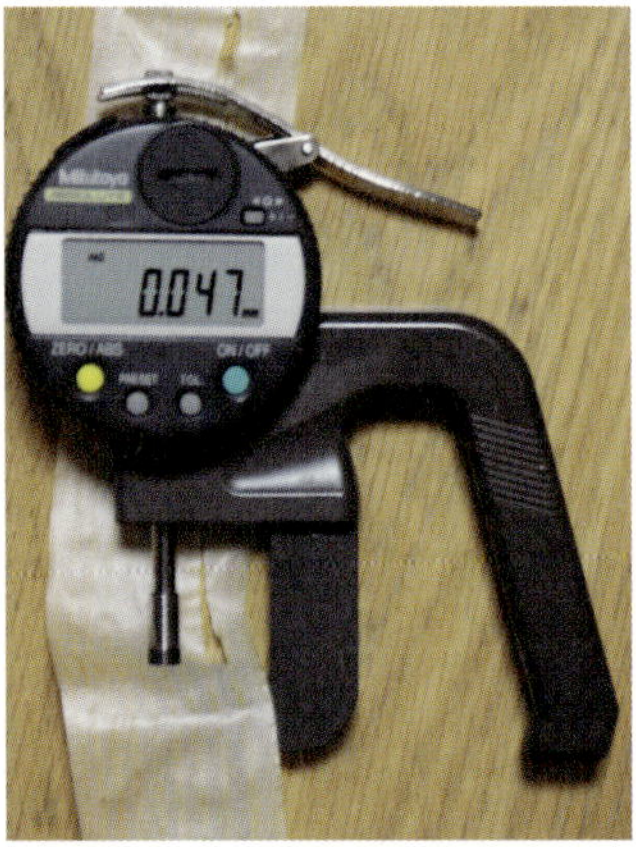

50／1000 mmをクリア！

2　包丁を研ぐ

「かんなの刃が研げるなら包丁も研げるはず」。そう思った私は、夏休みの宿題として、家にある包丁を研いで、その切れ味について親子のレポートを求めました。しかし、事はそう単純ではありませんでした。

包丁では摩耗の程度が異なる部分があることや、両面の研磨回数を同じにする必要があります。授業で包丁の場合の一般的な注意点を聞いてはいても、家の包丁を手にしたとき、その後の展開は本人にとって予想外でした。かんなとは違う刃先を見て、包丁を研ぐ過程を自力で構想しなければならなかったからです。包丁を手にして「どうやるの？　うーん！」のひとりごと。「私が包丁を研いであげる」とはいうものの、包丁を持ったこともないような子どもに課された危険な宿題。見ている家族は心配でたまりません。

（1）包丁の場合は……

「かんなと違う」……砥石にあてる角度がわからない……

包丁では刃先角をたよりにできません。

かんなの刃の時と違い、もともと刃に角度がついていなくて、どこまで包丁をたおしていいか分からなかった。

砥石にあてる角度を一定にすることを最優先にしてきた生徒たちにとって、これはたいへんな問題です。刃先のごく限られた範囲を砥石にあてるには、包丁の峰をその厚み程度砥石から浮かせます。

「いつ手を切るか、ハラハラ」……包丁を持ったことがないのに研ぎ?……

子どもを刃物から遠ざけてきたのにとんでもない宿題が出され、家族は子どもの包丁研ぎをつきっきりで見ています。

包丁を持つことさえ怖がって持ったことがなかったので〝研ぐ〟なんて事ができるのか？　っていう不安がありました。（母親）

どう研ぐかなど、子どもが考えているようすは、親の目には子どもが刃物の研ぎについてまったくの未経験者のように見えています。やがて、研ぎの方針がまとまると砥石の平面をたしかめ、十分に吸水させます。砥石が滑らないようにぬれぞうきんをしき、見ている家族への説明なしに包丁研ぎの準備完了です。すると、このあたりから親の子どもへの眼差しが変わり始めます。親には「職人さんのように手際よく」見え、「本格的で驚きました」。すると、心配な気持ちがしだいにやわらぎ、とぎ汁の要不要、刃返りの有無など、研ぎの内容に興味を持って子どもを観察するようになります。

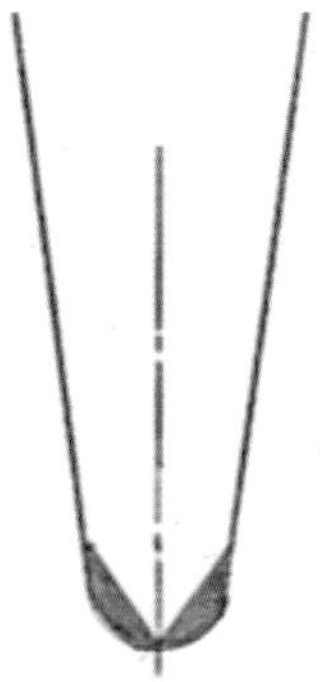
研いだ包丁の断面イメージ

テキストを事前確認し、一定のスピード、姿勢も良い。粗研ぎ15分、仕上げ15分程。また、原理も理解している様子。中学生が研ぎ？　と思ったが、やり方、原理、結果から、本人も私もだんだん楽しくなり、残り2本も研ぐこととなった。（父親）

じいちゃん、ばあちゃん登場　……家族総出の包丁研ぎ……

孫が刃物を研いでいるとなれば、じっとしていられないのがじいちゃん、ばあちゃん。包丁研ぎは家族の結びつきを深める絶好の機会になりました。

手を切りそうになった時もありました。そこで、おじいちゃんが登場し、研ぎ方をくわしく説明してくれました。

おじいちゃんのおかげで最初にできなかったことができるようになりました。途中、砥石の黒っぽい液が固まってきました。これは、包丁の鉄分が石の間に詰まって固まると教えてくれました。

この宿題は、生徒の両親や祖父母との会話が生まれることもねらっています。生徒たちは、「教えてもらった」よろこびを語りますが、孫に教えることで主導的なかかわりをもてた祖父母のよろこびは別格でしょう。

私も砥石を使うのは初めてだったので、教えてもらいながら二本目を研がさせてもらいました。1〜2mmの角度を保つのが難しいと感じましたがすぐに安定し、思わず二人ではまってしまいました。受験勉強や宿題に追われるなかで心地よい精神安定の時間となり、よい気分転換ができました。切れ味も大満足！（母親）

子どもの親離れに戸惑う母親にとって、子どもと共有できる課題は願ってもないことです。息子に教えてもらいながら子どもの成長を実感します。「息子がこんなにまじめにやっている姿を見たのは久しぶりです」や、「親子で楽しいひとときを過ごすことができました」にも母親のよろこびや安堵感を感じます。

（2）こだわりはじめた生徒たち

「きちんとやりたい」……研ぎのゾーンにはいる……

かんなの刃を研げた自信は、包丁研ぎへの可能性を感じさせます。生徒は、刃の両面を同じ回数研がないとバランスが悪くなること、刃の中央部から刃先にかけての範囲が最も使う頻度が高いことなど、包丁を研ぐときの留意点を意識して忠実に研いでいます。ここには手にした包丁に固有の多くの判断すべき事項があります。生徒たちは、これらをクリアできなければ研いだとはいえないと考えます。

1回目、ほぼ切れ味に変わりはありませんでした。きちんとやりたいと、2回、3回とチャレンジ。3回目には包丁が野菜に吸いつくような切れが一部分にみられました。4回目のチャレンジ。合計30分以上研いでいた

でしょうか。8割の場所に、吸いつくような研ぎができました。（母親）

技能の習得過程は、フィードバックのくり返しです。よい結果を得ようという思いは自分の動作への緻密な検証となり、このゾーンにのめりこみます。活動に意義を感じ、到達可能と思われる目標であれば、生徒は、困難と感じたことこそ挑戦します。

「この包丁は、すごい」……研いだ感触でわかる材質の違い……

包丁の材質の違いは、砥石を介して手に伝わってきます。生徒の多くはステンレス製の包丁を研ぎましたが、鉄製の包丁も研いだ生徒は、材質による感触と結果の違いに驚きます。良い道具は、目的とする機能がより発揮されるように材質が決められ、造形されているので使う人の気持ちと親和性があります。

3本の包丁を研ぎました。1本は、ステンレス、残りの2本は鉄でした。研ぐ前と研いだ後にトマトを切りました。ステンレスの包丁では、あまり変化が見られませんでしたが、鉄の包丁2本は、どちらも切れ味が上がったのが実感できました。特に、「杉本」という包丁は、すごかったです。

研ぎの技能のステージがすすむと研ぎ方や安全面などが意識の中心ではなくなるので、手にした刃物の材質にも意識が向けられます。包丁の隠れた性質に気づいたことが「すごかった」の一言で表現されています。

高い値段の包丁はとても良く切れるようになり、びっくりしました。安い包丁を研ぎ終えた時、「この包丁、刃返りがない」と言っていました。（中略）研いでもらっても（安い切れない包丁は、）やっぱり切れませんでした。（母親）

刃返りは、仕上げ研ぎへのサインです。いくら研いでも刃返りが出ないので見限ったのでしょう。値段が高い包丁は相応の性能をもち、安い包丁はそれなりの材質でしかなかったことを親子で実感しています。

（3）切れ味抜群

「カボチャが切れました！」……包丁を使うのが楽しみになりました……

大変ありがたい宿題をありがとうございました。砥石を使っての包丁研ぎは興味深く、研ぐ様子を見せてもらいました。研いだ後の包丁は、素晴らしい切れ味でした。感動したのは、キャベツの千切り、ゴボウのささがき、トマト切りでした。包丁を使うのが楽しみになりました。（母親）

母親の知らぬ間に「変身」していた子ども。見方が変わります。「さびがすごく、使っていなかった包丁を研いでもらいました」。台所の隅で錆びてはいても、「修学旅行で購入した」、「結婚した時に親から贈られた」など、家族の歴史が刻まれている包丁は、「捨てるに捨てられなかった」のです。

刃をすべらせなければ切れなかった庖丁が縦に下ろすだけで楽に使えるようになりました。少し調子が悪くなるとすぐに新しいものを買おうとする「使い捨て時代」であるが、ひとつのものを手入れして長く使う良さを、庖丁を研ぐことから感じて欲しい。また、店に頼まず、「自分でやる」楽しさを知ってくれたのは成果でしたね。（父親）

私が、お嫁さんとして来てから十数年。そのとき持参した包丁が、切れ味が悪く、困っていましたら「私が研いであげる」と、娘が声をかけてくれ、手つきよく、ピカピカにしてくれました。思い出がたくさん詰まった包丁を娘に研いでもらえるとは思いませんでした。これからも、私の料理のパートナーとして大切に使用していきます。ありがとうございました。（母親）

道具を扱う技能は、ものをつくる能力の中枢部分です。なかでも刃物を研ぐ技能は、その中核に位置します。生徒たちは、包丁を研ぐことで獲得した技能の一端を家族に実証すると同時に、研ぐという、刃物の機能を決定する能力を身につけたことを確信します。

「包丁研ぎは、まかせます」……もうプロには頼まない……

「包丁研がせて」と言われた時は、正直、「なんで?」と思いました。「宿題だから」ということで仕方なく「刃、ボロボロにしないでよ」とか、「大丈夫なの?」と、さんざんなことを言ったあげくさせてみたところ、とてもよく切れました。(母親)

学校で身につけた能力を家族のために発揮できる機会は非常に限られています。生徒たちは、自分にしかできない技能を発揮して「家族のためにできる手伝いができた」ことで達成感とともに自信を深めます。同時に、家族内での自分の存在を自覚します。子どもが主役で「親子で楽しいひとときを過ごすことができた」うえに感動的な切れ味。もう、「プロには頼まない」ですみます。これは、子どもへの最高の賛辞です。

3　夢=可能性を広げる

生徒たちは、刃物を研ぐことができるようになり、経験世界を広げてきました。研ぎの技能は、たんに加工精度を高め、納得のいく作品を作ることばかりではなく、生徒たちの自己認識、価値観、人間観など、人格の形成にも深く関わっていました。これらは、ひとつの課題に集中して時間をかけ、多少高度と思われる技能に取り組んで習得したからこそ見えるようになった世界です。生徒は、友だちと協同しながら技能を習得することにより、自覚していなかった自分の可能性に気づき、人と結びつきながらものごとに取り組む自信を得たように思います。

(直江貞夫)

第2章　ダイコンは人々の人生の結晶

―農業ってすごい・価値を実感―

1　ダイコンは人々の人生の結晶……

・我々がいま食べている野菜は、人々の人生の結晶なんだと感じた。

・収穫するときに、特別な気持ちになりました。小さい時にイモ掘りなどをしましたが、その時には、自分で育てていないので、特別な気持ちになることは、ありませんでした。

これは、中学校「技術科」の授業で1年間、ダイコンの袋栽培（「生物育成に関する技術」）を学んだ生徒が記した感想です。ダイコンを育て、それを「人々の人生の結晶」と感じ、収穫時に「特別な気持ち」を実感した生徒がいます。私は、この生徒達の感想に「技術科」を学ぶ価値が表現されていると感じます。

また、この感想は「技術科」という教科の枠を離れ「学ぶこと」や「自ら体験すること」の素晴らしさも教えてくれているのではないでしょうか。1本のダイ

収穫時の生徒達

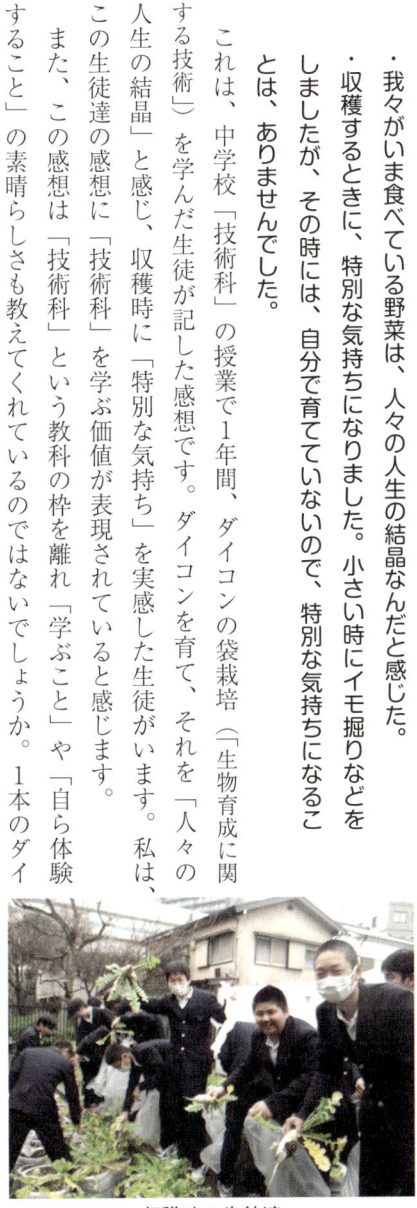

コンを育てるという「学び」や「体験」を通して、自身が思い描いていた世界とは、別の現象が見える。また存在すると分かるようになる。1つのものの見方が変化することで、現実世界の様々な現象のつながりが、より深く理解できるようになるなどです。

技術科は、このように、生徒のものや現実世界に対する見方や考え方をより深く進化させます。そして、多角的に捉える能力を養う力が他教科にも増してあります。実習や製作活動を通して、机上の学びからだけではないアプローチができます。

2 少し申し訳ないと思えてきました……

スーパーで立派なダイコンが100円。普段、家計から見るともうあと少し安かったら良いのにと思ってしまうけど、農家の人の苦労やダイコンの命をもらう事を考えたら、少し申し訳ないなと思えてきました。

この感想は、ある生徒が書いたものです。授業での学びと日常生活を結び付けていることが分かる一文です。スーパーで売られている野菜の裏側を見ています。農家の方々の労働や、その対価、生長のために施す肥料代や害虫駆除のための農薬代までを彼女は考えたのかもしれません。

特に「少し申し訳ないなと思えてきました」という言葉には、農家の方々の労働背景までをも考慮した家庭科部員で賢く、しっかり者だった彼女の感性や、らしさがよく表現されていると、思わず納得してしまいました。

土作りの作業に励む

「ダイコンの命をもらう事を考えたら」という言葉に、彼女のダイコンに対する見方や認識の変化を感じました。

ダイコンは店頭に並ぶ商品、即ち「物」ではある。しかし、店頭に並ぶ前までは、大地に根を張り、土壌の恩恵を受け、地上では葉を大きく広げ生きていた。そして、太陽の恵みと生産者の方々の愛情をたっぷりと注いでもらった生命体ではなかったのか。

野菜は光合成を行い、養分を生成し生長する植物、即ち、生き物であると頭では分かっていたでしょう。しかし、実際に土づくりから始まり、種まき、間引き、除草、追肥、害虫駆除等の農作業を約半年間行い収穫される。それがスーパー等の店頭に並んでいる。きっと彼女は、より現実感を持って、「ダイコンの命をもらう事を考えるようになった」のだと私は思っています。

種まきをする

同じクラスの別の生徒の感想です。

普段、何気なく食べていたダイコンにも、多くの人の苦労があるなと思った。たった100円前後でスーパーで簡単に買えるが、その裏には100円以上の努力が詰まっている事を学んだ。

日々の生活で何か物を購入する際、なるべく安くものを買いたいという心理が私にもあります。しかし、野菜に限らず、どんな「物」にでも、その背景には、目に見えない労働過程や要因がある。安さだけでは測れない価値。ダイコンを育てることで、その価値を生徒達は学んでいます。

3　収穫までの学習内容

この授業を受ける前までは、作物はただ種を植えて、水をあげれば勝手に育つと思っていました。しかし、よいダイコンを収穫するには土づくりに始まり、間引き、追肥、中耕、害虫駆除、病気の対策など色々とやることがあり驚きました。

授業は3年生の1、2学期で行い、1学期は教室での座学を中心に、2学期はダイコンに働きかける実習を中心に展開しています。図表2―1は、初回から収穫まで計11回のテーマ、学習内容、及び学習時期です。

2学期の授業内容は、座学が約35分、そのあとの実習が約15分です。生徒達に座学の知識と実習のつながりを実感してもらえるように意識しています。

図表 2-1 ダイコン栽培の学習予定

1学期

4月 下旬	①　「主食」の条件とは ・野菜と果物を回答させ、可食部に分ける ・三大穀物は「種」、保存可のため主食
5月 中旬	②　「栽培の3要素」 ・美味な作物を多く収穫するには？生徒案から[栽培技術][環境][遺伝性]を導く
6月 中旬	③　「土壌」について ・VTR視聴学習　～土の科学～ ・良い土：水はけ・水持ちが良く団粒構造
6月 下旬	④　土づくり ・腐葉土を混ぜ、みんなで土を耕す

2学期

9月 上旬	⑤　「土入れ」&「種まき」の実習 ・3人一組で土のう袋に土入れ、種まき
9月 中旬	⑥　「間引き」について ・3つの種まき方法、間引き条件の確認後ハサミを用いて、作業実習
10月 上旬	⑦　「追肥」について ・肥料の三要素、肥料吸収パターン追肥方法学習後、作業実習
10月 中旬	⑧　「害虫」について ・ダイコンに加害する害虫の名称駆除方法の確認後、作業と観察
11月 上旬	⑨　「病気」について ・作物の病気の発生要因について学習後、観察および記録
11月 中旬	⑩　「プロジェクトX」視聴学習 ・沖縄～ウリミバエの根絶作戦～ ・根絶に人生を掛ける人々の姿に学ぶ
12月 中旬	⑪　「収穫」今までの学習の振返り 収穫後、感想の記入

真剣なまなざしで実習作業に励む

4　おいしい作物を作るために

授業は図表2―1の通り、座学と実習を並行して進めます。1学期は座学が中心で、メインテーマは「栽培の3要素」です。おいしい野菜や果物を作るために必要な事や物は何かを生徒と共に考えます。日光や土、遺伝子組み換え等の意見と共に、愛情、やる気、お祈りといった、面白い意見も出ます。それらを最終的に3つの要素「栽培技術」「環境」「遺伝性」にまとめます。いくら優秀なタネ（遺伝子）を用いて、肥料や日光、水分が供給される良い環境であっても、作物を作る人間に知識や技能がなければ、適切な管理ができず（栽培技術）良質な作物をたくさん収穫することはできません。

この3要素が全て最高の状態、図表2―2では、各要素の度合いを示す3つの矢印で作る三角形が、大きい程、良いことになります。大きければ、その作物のおいしさと収量は増大します。この3要素のバランスが重要で、どれか一つでも欠ければ、満足な収穫は得られません。栽培の3要素について印象的な生徒の感想がありました。

印象に残ったのは、種まき後に追肥をしたときです。白い実が見えていて、感動しました。授業で勉強した栽培の3要素や土の種類がダイコンに影響を与えていて、すごいと思いました。

生徒は、座学の知識と目前のダイコンとのつながりを感じています。

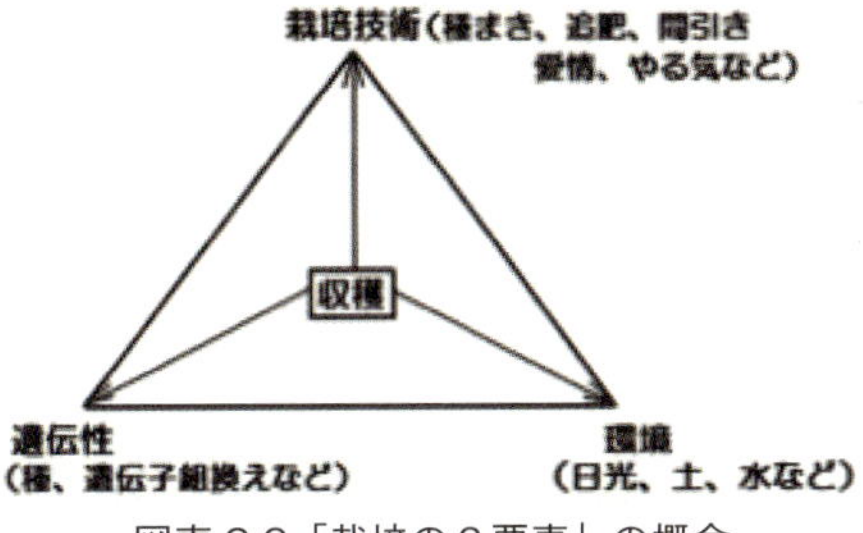

図表2-2「栽培の３要素」の概念

生育途中のダイコン

5 良い土と悪い土があるの？

6月に土づくりを行います。その実習の前に行うのが「よい土の条件を考える」授業です。

黒色の土と茶色の土を用意します。それをペットボトル製のじょうごに入れ、水を流し、その流れ方を生徒に予想させます。私の発問から授業を再現します。

「黒の土はポタポタと水滴が落ちるのに、茶色の土は水滴が落ちません。なぜでしょう？」

生徒の答え「〝すき間〟がないから」

「その通り。では、その土の粒を拡大して描いてみましょう」

図2―3のプリントのように、生徒達は黒の土は適度なすき間があり、茶色の土（水滴が落ちなかった）は、すき間なく、びっしりと粒が詰まったものを描きました。そこで、この授業のねらいを尋ねます。

「作物にとって良いのは黒と茶色の土、どちらでしょうか？」

生徒の答えは分かれます。「適度に水が流れる黒の土に決まっている」という答えがある一方で「水が流れない茶色の土の方

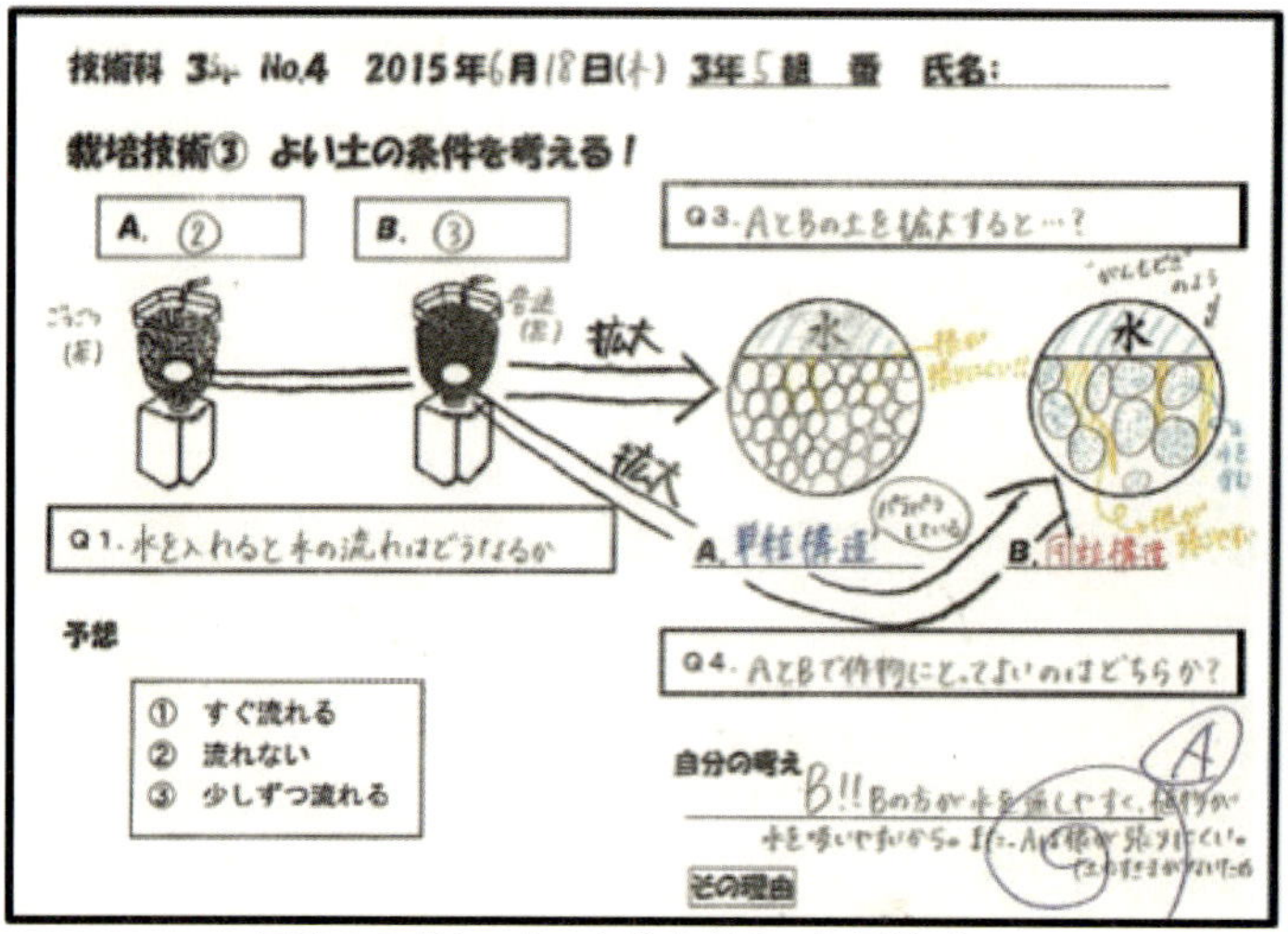

図表 2-3「よい土の条件を考える」授業プリント

が、根に土が密着し、水分や養分を沢山供給できる」との答えも。どちらももっともらしい解答です。

「土の中での根の張り方を想像してみてください。根は土の粒と粒の間のすき間に伸びます。そして、粒に密着し、水分や養分を吸収し供給します。同時に呼吸をして、酸素を取入れています。そう考えると、すき間なく、粒がびっしりと詰まり、水も流れない「茶色の土」は作物を育てられるでしょうか?」

生徒の答え「水が流れないってことは、呼吸ができず、窒息する。ということは適度にすき間が必要だ」

「そう、正解はすき間がある〝黒の土〟です。この土は一粒一粒が適度な水分（養分）を保持できます。イメージはおでんの〝がんもどき〟。一粒一粒が水分をたっぷりと保持し、余分であれば吸収しません。すなわち〝水はけ〟と〝水持ち〟の相反する両方の良さを持つ、すごい粒なんです。この粒の状態を団粒構造と言います。では、すき間がなく水分や養分を保持できない茶色の土を、理想の、黒の土にするにはどうすればよいでしょう?」

生徒の答えは「すき間を作る」つまり「耕すこと」

「でも、ただ単に茶色の土を耕せば理想の〝団粒構造〟を持つ土の粒になりますか? 何かを混ぜなければいけない……」

ある生徒が「落ち葉だ!」と答えます。

「そう! でも、落ち葉が腐敗、分解され、土になるまでには時間がかかります。それを短縮できる〝魔法の土〟があります。ホームセンターで売ってるよ、すでに腐っている……」

「腐葉土だ!」別の生徒が答えます。

「正解! ということで、次回は〝腐葉土〟を混ぜ、土を耕し、栽培の理想である〝団粒構造〟を持った土作りをみんなに行ってもらいます」

6　皆の身体は何からできている？

一番印象に残ったのは、土作りでした。先生の「生き物はみんな土からできていて、土に生かされている」という話を聞いて、作物にとって環境の良い土を作ることは、私達人間の生活も豊かで、健康的なものになるということが分かりました。

栽培の3要素が十分でないと、満足な収穫は得られません。その要素の中でも特に大きな役割を果たしていると考えられるのが「土」です。私は生徒にこんな話をしています。

「ハンバーガーを食べたことのない人はいないよね。ハンバーガー店の商品は、全然土くさい感じがしない。でも、よく考えると〝土〟に行き着く。まず、周りのパン。あれはコムギからできている。そのコムギは、アメリカかロシアか分からないけど、畑から穫れたもの。その収穫を支えているのは〝土〟。真ん中にあるビーフ。これもオーストラリアかニュージーランドか、どこかの牧場で育てられた牛。その餌は、牧草や飼料のトウモロコシで、それらを育てているのはやっぱり〝土〟。フライドポテトのジャガイモも同様。ハンバーガー店って、smileやhappy、good tasteなど、横文字ばかりで、全く泥臭い感じがないけど、こう考えると〝土〟に行き着くと思わない？　卒業式でよく歌う『大地讃頌』の歌詞に〝讃えよ〜土を〟とある。ダイコンを育てた皆は、きっとこの歌を実感を伴って歌えるはず」

土づくりに励む

7　ダイコンと夏休みの宿題の意外な関係!?

肥料の授業を受けた生徒の感想です。

施肥《せひ》では、野菜に肥料が必要な時期の個性について学び、自分達の夏休みの宿題のやり方は、ダイコンと同じ、ラストスパート型だと、先生に言われたのが面白かったです。

ダイコンと夏休みの宿題、どんな関わりがあると思いますか？　また、肥料を施すことに、どのようなイメージがありますか？　とりあえず、量を多く与えれば、与えた分だけ良く育つ。そのような考えでしょうか。授業前の私の生徒達も、このような考えが多数でした。

作物に肥料を与える際、考える事は、主に４つあります。量、種類、位置、そして与える時期、タイミングです。この４つは、どれも大切ですが私は肥料を与えるタイミングの説明に、〝夏休みの宿題の取り組み方〟を利用しています。この授業の様子を、私の発問からそのままお見せします。（図表２―４参照）

「今日は、この３本の曲線が大切なんです。この３つの曲線は、何を表していると思う？　30秒考えてみて」

「……これって、みんなの夏休みの宿題のやり方と似てない？　はじめにやり終えてスッキリしたいスタートダッシュ型の人、計画的にコツコ

人間同様、野菜にも個性がある

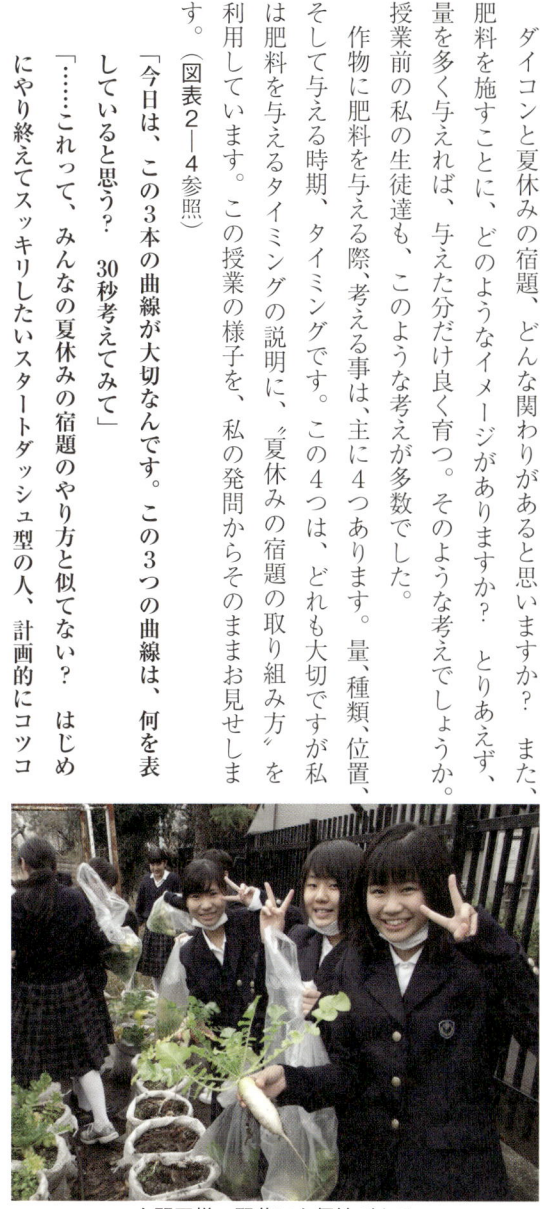

ツ頑張るコンスタント型の人。切羽詰まってから頑張るラストスパート型の人。きっと、切羽詰まってから頑張るラストスパート型の人が一番多いか!? 先生もそうだけど（笑）。実は、みんなと同じように野菜にも個性があるんです。その個性とは……」

「はい、説明します。その野菜のどの部分を食べるか、すなわち、育てなければならない部位ごとに、肥料を必要とする時期が異なります。例えば、ホウレンソウやコマツナ等の葉物野菜は、生育期間の前期に多くの肥料を必要とします。つまりスタートダッシュ型。葉物野菜は、生育前期に茎や葉を大きく生長させる過程が重要だからです。葉物野菜は、花を咲かせ、実（種）をつける前に収穫してしまうでしょう?」

「次にトマトやナス等、実を食べる野菜。前期から後期まで、長い期間にわたって肥料を必要とするコンスタント型です。果菜類は葉を茂らせ、茎を太く立派にする生育の前期にも養分を必要とするし、中・後期にも花を咲かせ、実を付けるための養分も必要だからです」

「最後に、ダイコンやサツマイモなどの根菜類。これらは、生育期間の中・後期に、多くの肥料を必要とするので、ラストスパート型です。サツマイモに特に見られる現象に〝つるぼけ〟というものが

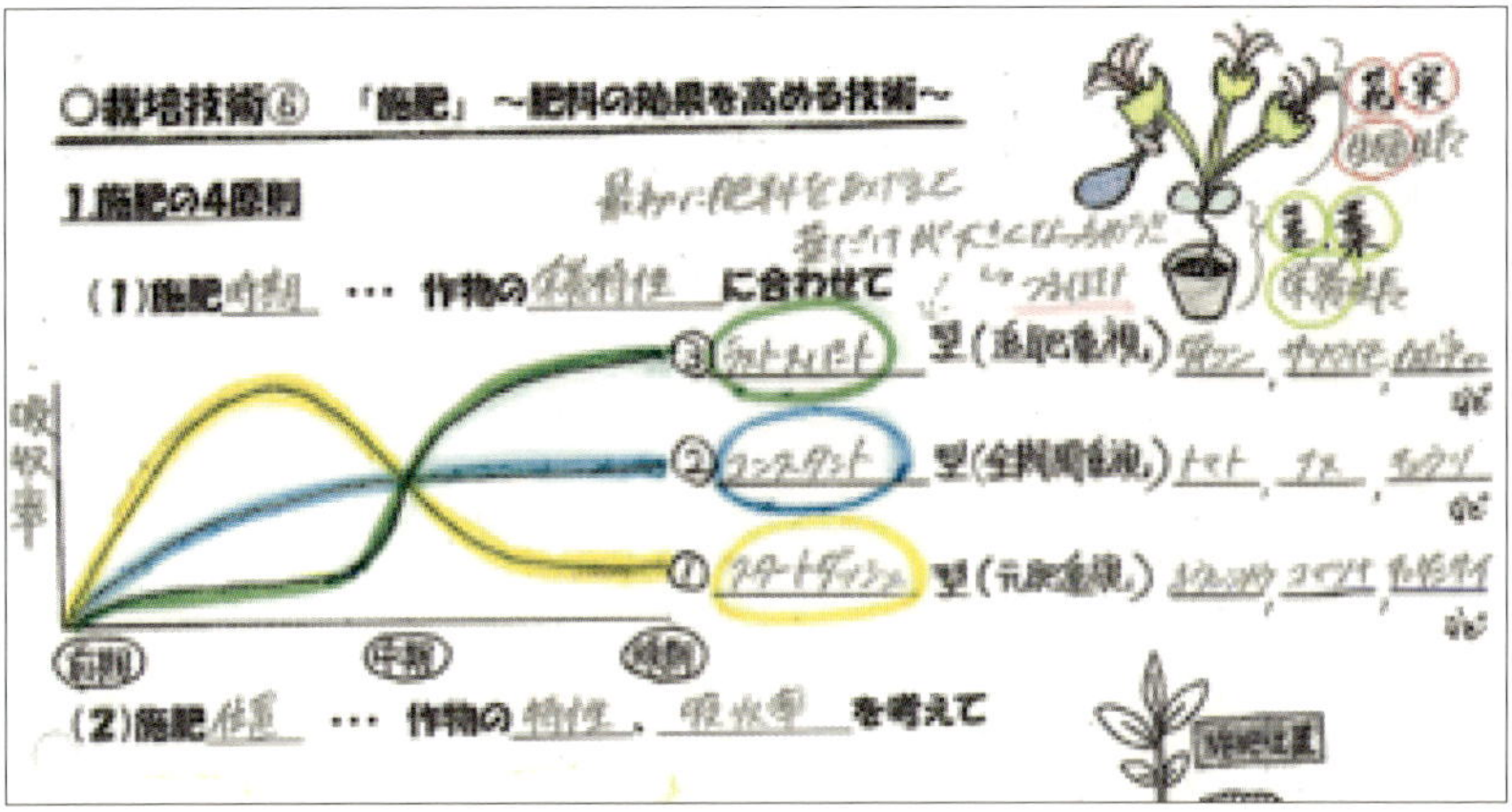

図表 2-4「施肥」の授業プリント

あります。これは、生育初期に肥料を多く与えるとツルや葉はよく生長するのですが、後から太くなるはずの〝根〟が太くならないという現象のこと。みんなが育てているダイコンも同様です。根菜類は、生育初期は肥料を与えず我慢させて、中・後期に肥料を施すことが大切なんです」

実際には、一人一人がどのタイプか生徒達に挙手をさせています。ダイコンを含めた作物にも皆、つまり人間と同じように個性がある。何も語らず、ものを言わない野菜たちですが、性質を理解した上で、世話を行い、生長を見守る。作物も人間と同じ生命体であり、個性を持った生き物として存在する。このような野菜の奥深さが生徒達に伝わればという想いで、このような授業をしています。

生徒の感想です。

施肥の授業が一番、楽しかったし、興味深かった。作物により性質が違うことを知り、それに合わせて肥料の種類や吸収率が違っていることは驚きだった。けれど、その違いの理由が授業を通して分かったので嬉しかった。

このコメントを残した生徒は、賢く、成績優秀です。そのような生徒が発した「授業を通して分かったので嬉しかった」という言葉。この生徒の認識では、農業は科学的な根拠や理由に基づき、様々な作業が行われるという考えが無かったのかもしれません。いや、何となく持っていた、そのような考えが、この授業で明確になった可能性もあります。もしくは、理科の授業で学んだ植物の生長過程や根、からだのつくりなどの学習内容が現実社会で活用される栽培技術と結びつき、つながったのかもしれません。そこに嬉しさを感じたのでしょうか？

「授業を通して分かったので嬉しかった」

追肥の様子

生徒達は座学の知識と現実世界のダイコンのつながりを感じ、自らの世界を広げています。そして、それまでに無かった驚きや喜びの感情を実感しています。

8　前よりは嫌いじゃなくなった……

土など、手が汚れる作業が本当は大嫌いだったけど、色々と作ることの大変さなどを学び、前よりは嫌いじゃなくなりました。

ある生徒の感想です。この生徒は冒頭で紹介した家庭科部員の生徒とは、真逆の性格の持ち主でした。流行りのファッションやアイドルグループに興味を持つ、今どきの女子中学生でした。

当初、私自身の彼女に対する見方も農業やダイコン作りに興味はない、というものでした。そんな考えを持った中で、彼女の率直な想いが綴られた文章を目にして、多くのことを学び、感じていたんだと非常に嬉しく思いました。

「手が汚れる作業が本当は大嫌いだった」という正直な心境。また「嫌いじゃなくなりました」という言葉の頭に付く「前よりは」という言葉に、彼女の素直な心情が表れていると感じます。「前よりは、嫌いじゃない」ということは、今も好きではないというのが現実かもしれません。

それでも、彼女の「色々と作ることの大変さなどを学び」という言葉には、夏休み明け、35℃の炎天下の下で汗をかきながら行った「土入れ」や「種ま

土入れをする

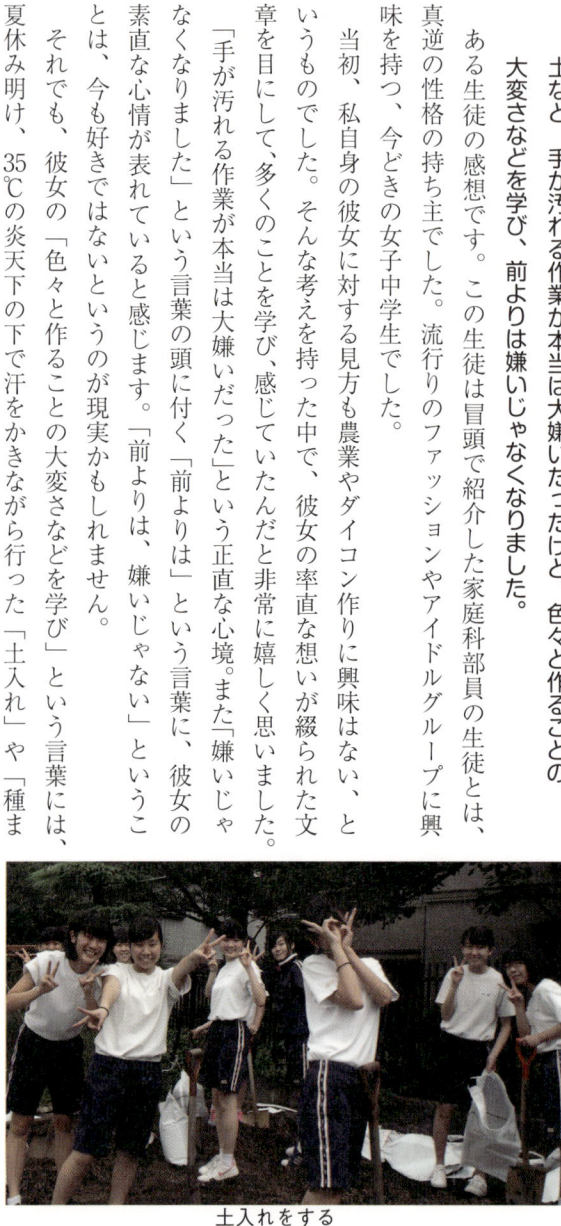

き」作業、雨が降る中、作業のタイミングを逃してはならないと、傘を片手に行った「間引き」作業、「くさい！くさい！」と言いながらも、化成肥料を円状にまいた「追肥」作業、「本当にアオムシがいる！　もうやだ！」と言いながらも、ピンセットでアオムシを捕った「害虫駆除」作業などのリアルな実習体験から、彼女に起きた認識や考え方の変化だと考えます。

彼女のコメントは、机上の学びだけでなく、実習や作業を通して、現実世界に働きかけを行ったからこそ生まれました。また、「前よりは嫌いじゃなくなりました」という一言には、技術科で大切にしている〝自ら体験すること〟の尊さや〝実際に体験すること〟が、今まで考えもしなかった境地を実感させてくれる可能性ある行動だと、教えてくれているのではないでしょうか。

現在、高校生3年の彼女は恐らくダイコン栽培とは、無縁の生活でしょう。しかし、ダイコンを食べた時に、ふとしたきっかけで「色々と作ることの大変さ」を中学時代に学んだ事を思い出すかもしれません。将来、母親となり子どもと砂や泥で遊んだ時に、ダイコン栽培の体験が脳裏に甦る可能性もあります。現在の食事や将来の食卓、広く農業とは、食糧とはと、中学時代の学びが彼女の中で生き続けるはずです。また、生き続けて欲しいと願っています。

中耕と観察記録を記す

9　作物を育てる学習の意味

根自体は長かったが、膨らんでいる部分が短くて、店頭で見かけるダイコンとは見た目が大分違い、驚いた。店で見かけるあの形にするまでに、どれだけの苦労と費用がかけられているのだろうかと感じた。

この生徒が育てたダイコンは、店頭に並ぶそれとは、大分違うものでした。小さくて細い、まるで朝鮮人参のようなダイコンを収穫して、考察する彼の言葉に「技術科で作物を育てる意味」が込められていると感じます。

店で見かけるあの形にするまでに、どれだけの苦労と費用がかけられているのだろうかと感じた。

冒頭、一本のダイコンを育てるという「学び」や「体験」を通して、自身が思い描いていた世界とは、別の現象が見えたり、存在すると分かるようになると記しました。生徒のこの言葉は、それを体現しているのではないでしょうか。自分でダイコンを作ってみて、初めてわかったこと。店頭に並ぶダイコンからは見えない栽培過程やその背景。この生徒は、机上の学びだけでなく、実習や作業活動を通した技術科ならではの学びの醍醐味を実感していました。

座学での栽培の3要素、良い土と悪い土、土作り、肥料を施すタイミング、害虫駆除等、全ての学習を通して、作物栽培の奥深さ、そこに秘められた数々の工夫や栽培技術、農家の人々の苦労や努力に考えを巡らせたのではないでしょうか。そして、現実世界の様々な現象のつながりが見え、より深く理解できるようになったからこそ、発せられたコメントだと私は感じています。

また、作物栽培の学習は、技術科に不可欠です。理由は、長い年月をかけ育まれた農業技術や栽培技術を義務教育の中で、後世を生きる若者に伝える必要があるからです。人間は生存のための栄養素を作物や動物（家畜）

に求めなければなりません。明日を生きるための食糧を求め、狩猟採集に明け暮れた太古から、先人たちは知恵や工夫、努力によって道具を使いこなし、農耕文化や牧畜文化、栽培技術を発達させてきました。

現在のように、好きな食べ物をいつでも、好きなだけ食べられるようになったのは、人類の膨大な歴史から見れば、ごく最近のことです。人間は食糧なしでは生きていけません。つまり、人間の生存の根本は、農業技術を駆使して、食糧生産を行うことです。それは人々が豊かな文化を築き、生活を営む上で必須のことです。

長い年月をかけ育まれた農業技術。その知識や文化を絶やさずに、次世代の若者に体験を通して伝えることは極めて重要です。

我々がいま食べている野菜は、大勢の人々の人生の結晶なんだと感じた。

最初に掲げたこのコメントは、自らダイコンを育てたからこその言葉でしょう。自分が1本のダイコンを育てることを通して、リアルに実感した全てのこと。1本のダイコン栽培から、生物育成に関する技術を学んだ生徒達は、その裏側に科学的な知識や工夫、経験に基づいた技術と、農家の人々を含めた作物栽培に関わる全ての人々の努力や真摯な想い、先人たちの知恵や工夫を学び、自分たちの世界観で捉えています。

将来、農家になるわけではない。しかし、作物を育てる学びが、自らの世界を広げてくれる。これからを生きる中学生に、この学習をする価値がある。私はそう確信しています。

（吉澤康伸）

ダイコンは人々の人生の結晶

第3章　テーブルタップ実習
―「あったらいいな」から設計プロセスを学ぶ―

1　「困ったこと」が製品開発の起点に

家電量販店にいくと実に様々なテーブルタップが販売されています。

・水滴がタップ側に入ってこないよう防水シャッターがついているもの
・プラグ側に埃が溜まって起きるトラッキング火災を防止する工夫が施されたもの
・雷ガードが付いたもの
・使用中の消費電力をモニタリングできるもの
・スマホ充電用のＵＳＢポートが付いたもの
・様々なカラーリング展開されたデザインの優れたもの

ちょっと目に付くものだけでも枚挙にいとまがありません。

中学校技術科の組立作品の題材として定番中の定番である「テーブルタップ」が、一般的な市場でこれほどのバリエーションをもって商品展開されていること

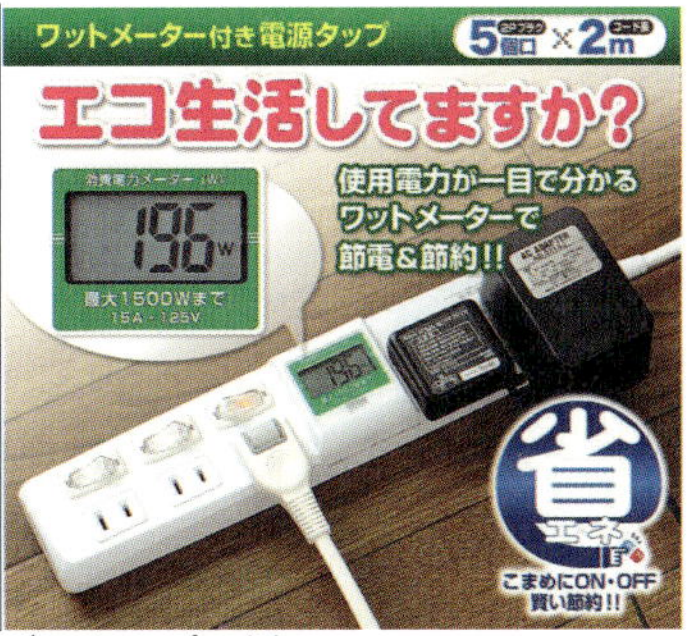

様々なテーブルタップの例
https://direct.sanwa.co.jp/ItemPage/700-TP1052DW
http://www.yazawa.co.jp/itemnews/201610tap

に驚きます。生徒の作品点検で、数え切れないほどのテーブルタップ（生徒作品）に触れ、基本的な機能や安全な組立方法、使用法を知っていると思っていた私にとって、ある意味新鮮な驚きでした。

それらをよく見ると「困ったこと」に対して何らかの解決策が講じられていたり、「あったらいいな」を実現している商品が並んでいました。テーブルタップの使用場面において、使い手である私たちが気をつけなければならないことの一つに「たこ足配線」があります。多くの電気機器を繋ぎ、許容電流量を超えて使ってしまうと発熱、時には火事にも繋がりかねません。事故を防ぐためには繋ぎたい電気機器の消費電力をみて、許容量を超えていないかを確認する必要があるのです。また、プラグを壁コンセントに長期間さしっぱなしにしておくと埃がたまり、梅雨時など湿度が高い日には埃が吸ってしまった水分でショートし、場合によっては発火する（トラッキング火災）ことがあります。さらに、水滴が手についたままテーブルタップを脱着すれば、漏電や感電の恐れがあります。これらは私たち使い手が注意しなくてはならない「困った」事柄です。それらの「困った」マイナス要因に対し一定の解決策を講じることで、消費者の需要に応える商品を提供しているのですが、それは言い換えれば「困った」を商品開発の起点にして世の中に提案する作り手側のたくましい商品開発とも言えます。そして、新しい製品開発に向けたものづくりのデザインプロセスをより深く想像できたとき、私にとっては良く知っているはずの授業題材である「テーブルタップ」が、現実の生き生きとしたものづくりの世界と繋がって見え、わくわくした感覚を覚えました。そしてまた教材として何千個も見てきた「教材用テーブルタップキット」に特許が

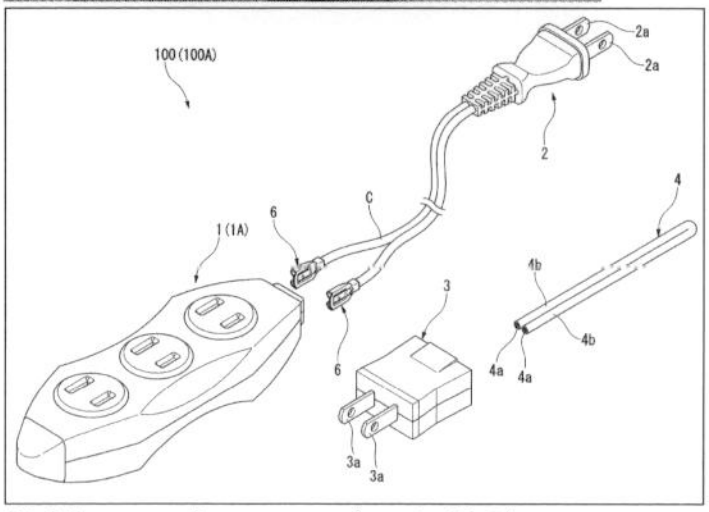

教材テーブルタップにも特許
【考案の名称】教材用テーブルタップキット
http://www.publish.ne.jp/JPU/0003140000/00031422

あることにも、驚きにも似た新鮮な感動を覚えました。この驚きや新鮮な感動を生徒たちといっしょに共有したいと思い、テーブルタップ製作の授業をこれまでとは少し変えてやってみました。

2　テーブルタップの授業題材としての魅力

教材用テーブルタップキットは実に様々な事柄を楽しく学べます。基本的な電気回路の仕組み、ネジによるケーブルの締結方法、回路計による電気抵抗値の測定方法を学び、その実習場面で使用する工具（ワイヤーストリッパー、圧着工具、ドライバー、ニッパーなど）の意味などを、組立作業を通じて実感的に学んでいきます。そして、実際に使い物になる本物をつくりあげる醍醐味もあります。実際に持ち帰り、実際に使うため、教材用テーブルタップの使用上の注意点や限界点など学びを通して、現実に出回っている商品の値打ちを判断できるようになります。電気工作の作業もシンプルで、作業の点検さえきちんと行えば全員がしっかりした作品として完成させることが出来る教材という魅力もあります。そしてまた、テーブルタップの製作を通して、消費電力や送電線、より生活に密着した電気の学習、さらに発電のシステムなど発展させることができる優れた題材なのです。

しかしながらその組立作業の一つひとつの意味を十分に理解しないで組み立ててしまうと、安全な作品とはなりませんし、その題材が持っている面白さに中学生たちは出会うことなく終わってしまいます。そこでこの授業では、特に中学生と道具との出会い方に焦点をあてて授業を進めました。すると、道具に秘められた人々の知恵や、それを発明するまでの人々の苦労を想像することができるようになります。自分で一つ一つの作業を様々な道具をつかって実際に体験することは、道具を介して先人たちと繋がり、発想や設計の過程を追体験できることを意味します。先人たちがどのように課題を設定し、それに対して解決策をどのように講じてきたかを想像できる組立実習でもあるのです。さらには製品の生産場面だけでなく、その工程の前後に関わっている設計や販売の場面で働く人たちのことを思うことができるのです。私は、道具のより深い学びに注目してみました。

3　ニッパーでビニールを剥がす難しさ

テーブルタップの組み立て作業には電気工作の基本が詰まっています。プラグ（コンセントに差込む口）やタップ（複数の電気器具を差し込む本体側）などと、コードとを安全なやり方で接続すること、これがテーブルタップ組立の基本です。ビニール線の中にある芯線（導線）を傷つけたり切ってしまうと、許容電流量に関係し発熱の原因にもなりかねませんから、神経を注がなくてはならない大切な作業工程の一つであるのです。

しかし、これがなかなか難しいのです。やってみて初めてわかるのですが、ほとんどの人が最初はコードごと切ってしまいます。慣れてくると、どうにかビニールをはがせますが、えてして芯線を何本か切断してしまうか、傷つけてしまいます。「被覆を剥がす際、いくつもの手順を踏まなければならず、なかなかワイヤーの被覆をはがせずイライラした」と生徒は感想を述べています。

生徒が言う「いくつもの手順」とはこうです。ビニール線の剥がしたいところをニッパーで傷をつけ、一方の手でコードをしっかりと握り、もう片方の手でニッパーを持ちながらビニール被覆を引き剥がすのですが、ニッパーを強く握理すぎると芯線を切断してしまいますし、緩く握れば、ビニール部分の表面をニッパーの刃が上滑りしてしまいうまく剥がせません。難しい部分はニッパーを程よい加減で〝甘噛み〟するところにあります。別の生徒は「力加減を調整しないと中の線を切ってしまうので使いこなすのが難しかった」と言っています。

しかしながら、何回か練習していくうちにできるようにはなります。「最初は中の導線も一緒に切ってしまっていたけれど、練習するごとに上手くなれました。本番は一本も切らずに全ての作業ができたのでとても嬉しかったです。友達と協力しながら作ったのでとても嬉しかったです」と振り返ってくれる生徒もいます。

4 「剥がす」ための道具のスゴさに驚く

ニッパーを使った実習を体験したあと、次に知恵と工夫のつまったワイヤーストリッパーを生徒達に紹介します。ワイヤーストリッパーが、被覆を剥いでいくメカニズムは次の通りです。

①剥ぎたい部分のビニールのみに切込みを入れる
②コードをしっかり掴む
③ビニールを引き剥がす

ニッパーを使ったやり方では、①→②→③の場面で材料を持ち変えたり、力の入れどころを変えたりしなくてはいけませんでした。ところが驚くことにワイヤーストリッパーという道具は、それら全ての工程を「片手で握りこむ」という動作ひとつでできてしまいます。

初めて使った生徒たちは、その簡単さに驚き、「何これっ！　えっ、うそー！」「すごい！」という歓喜の声さえ上げます。そして次には、「なんでもっと先に教えてくれなかったの！」と大騒ぎです。しかも何回やっても正確に、導線を切ることなく完璧に被覆剥がしの作業ができるのです。

ニッパーだけでの作業の「困った」を実感しているからこそ、ワイヤーストリッパーの凄さに驚くことができ

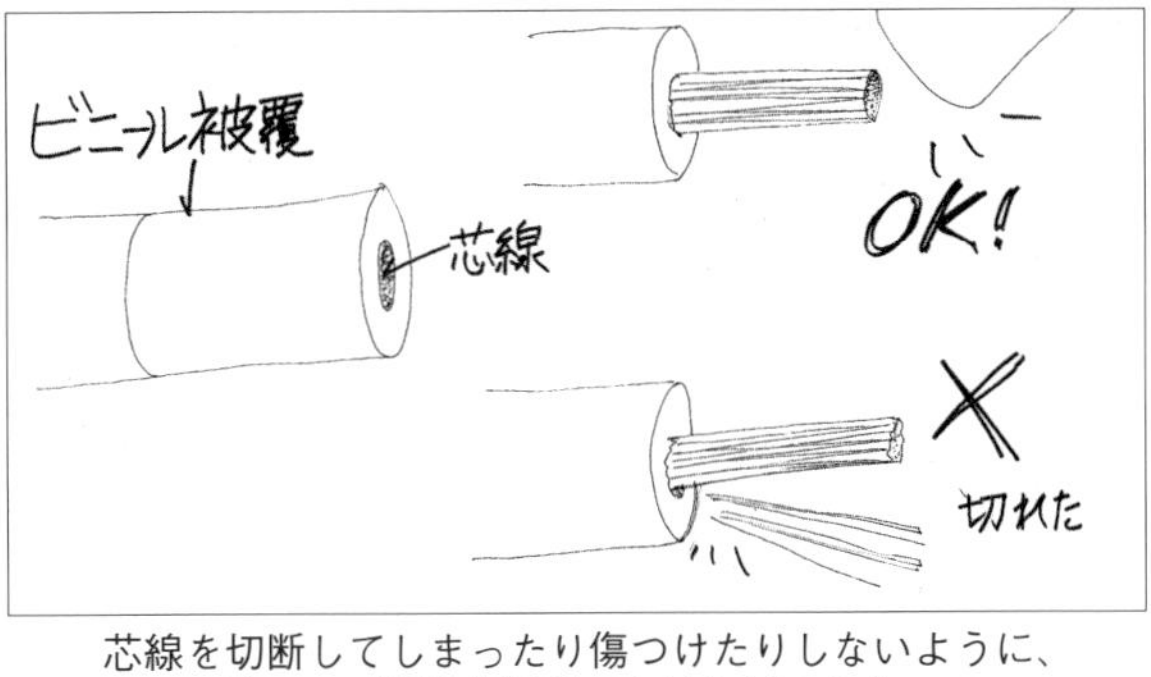

芯線を切断してしまったり傷つけたりしないように、
ビニール被覆を剥がさなければならない

ます。そして、この道具の「すごい」中身まで注目した生徒は、長所と短所について次のように述べています。

「長所は簡単かつ正確に被覆が剥がせるところ。短所は取れた被覆が飛んで行って危ないところ。工場で使ったりするには効率的でとても便利」

「ニッパーひとつで全ての作業を行える。単純な仕組みで分かりやすい。ワイヤーストリッパーや圧着工具より値段が安い」

	ニッパー	ワイヤーストリッパー
1	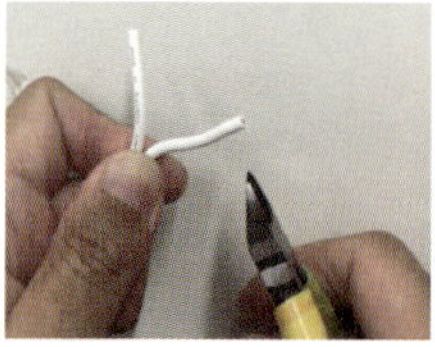 コードをしっかり握る	 コードを専用の位置にセットしてレバーを握るとコードが固定される。
2	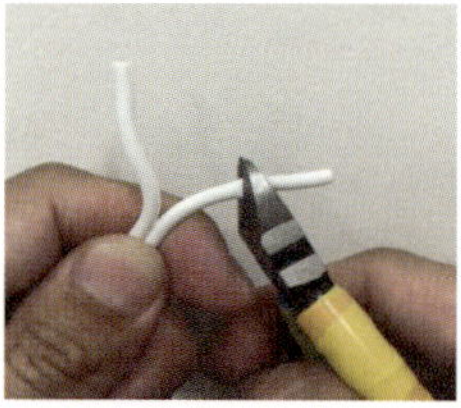 コードのビニール被覆のみ刃を入れる。このときに芯線を傷つけやすい。	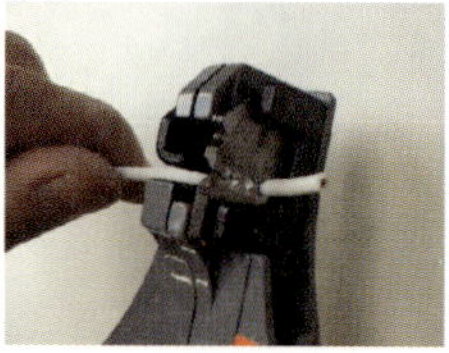 レバーをさらに握るとビニールのみを切るカッターが降りてくる。専用のカッターなので芯線を傷つけることはない。
3	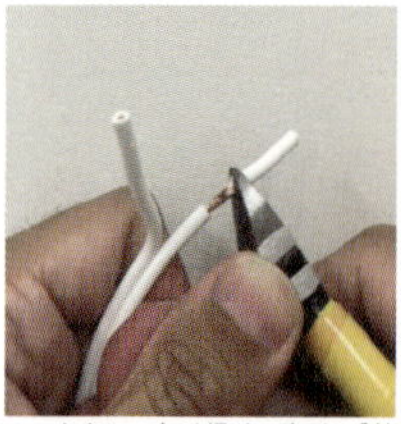 左手でコードをしっかり握り、右手は"甘い噛み"の力加減でビニール被覆のみを引き剥がす。左手の親指で右手のニッパーを押し出すようにする。	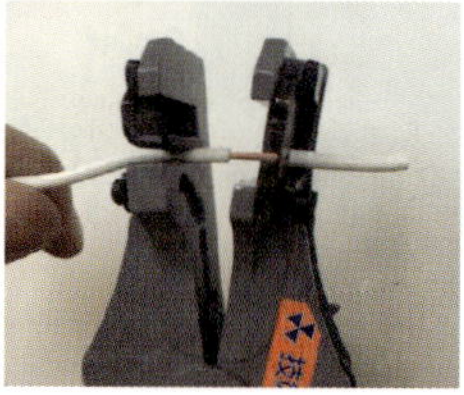 レバーを握ると、ビニールのみ引き剥がされる
4	 作業完了	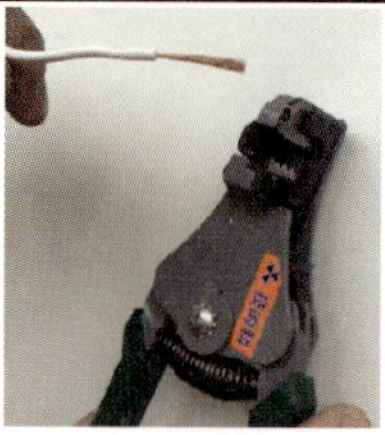 作業完了

ニッパーにはさまざまな動きや作業のコツが必要なのに比べ、ワイヤーストリッパーは握るだけですべての作業が完了する

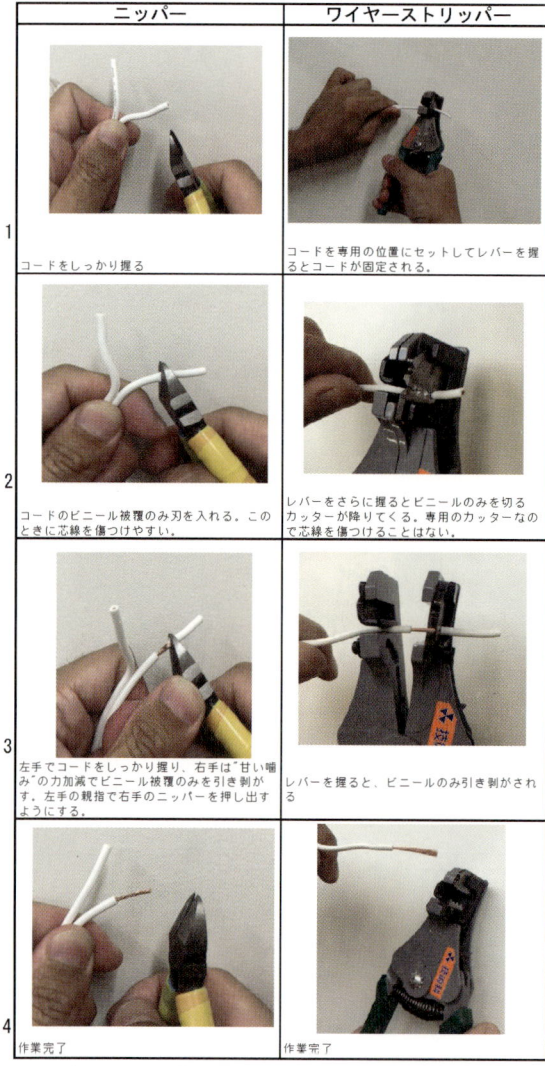

「基準にあった製品を作るためには熟練の技が必要。技を習得するまでに時間とコストがかかる」
ニッパーのみで剥がすことができれば、一番手軽で都合が良いかもしれません。しかし、その剥がす行為に対して、「誰でもできる」「同じことを繰り返せる」「確実に作業が行える」といった新しい価値を付加してきたことが、ワイヤーストリッッパーの発展の過程でもあるのです。そういった先人たちの工夫を工夫として考えることができる経験であったと思います。

5　圧着端子・圧着工具の作業システムの発明

テーブルタップの組み立ての中で、もう一つ大切な作業があります。それは、ビニールを剥ぎ取った芯線（電線ケーブル）とネジ止めするための金具（圧着端子）をしっかりと繋ぐ（圧縮接合）するための工具です。この工具には実に様々な工夫がなされています。しっかりと繋ぐ作業が、テーブルタップの安全性を担保することを意味しますが、その一定の締め付け具合、JIS規格に準拠した正しい「締め付け具合」を誰がやっても同じように実現する工夫がなされています。芯線に圧着端子を差し込み、その工具で締め付けようとします。このとき、不十分な締め具合であった場合、その工具は金具に「噛み付いた」まま離れないのです。

「圧着ペンチは完全に圧着するまでレバー部分が開かないので、自分でどれくらいの力をいれたらいいかとか考えなくていいし、教えてもらわなくも、品質のより安全な接合ができる」と生徒も述べてくれています。電気関係の分野では、要となる作業に対し実に豊かなアイデアでシステマチックに作業が行えるようになっていることが多く、その場面で登場する道具には安全性に対して、惜しみない先人たちの工夫や努力が詰まっている宝庫なのです。

6　知らない世界に放り込まれたような気分

ニッパーのみを使った作業でその道具の良さや難しさを実感的に理解したあと、ワイヤーストリッパーと出会い、道具に対する工夫を発見する。そして、規格に準拠した安全性を担保するための高度な工夫がなされた道具としての圧着工具と出会う中で、その作業場面における先人たちの苦労や思いや発想をなぞることで、ある種の共感を体験するのです。

圧着端子の取り付けが終わったあとの授業で、再び圧着工具やワイヤーストリッパーを道具棚からとり

圧着ペンチの説明	圧着端子の説明
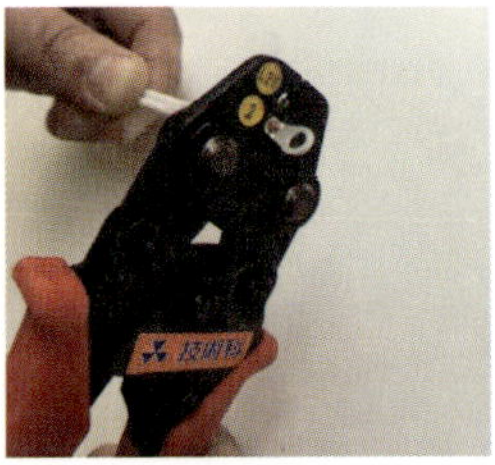 安全基準を満たした力で締め付けることが要求される。	 圧着端子。コードと金具のネジ部を接続する部品。
 必要な力まできちんとレバーを握らないと、圧着ペンチは材料を離さない仕掛けになっている。	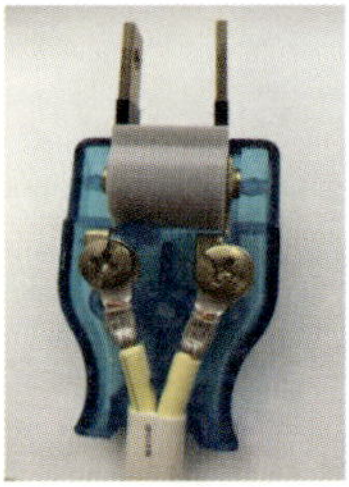 プラグのネジ部とコードの接続には圧着端子を用いる。
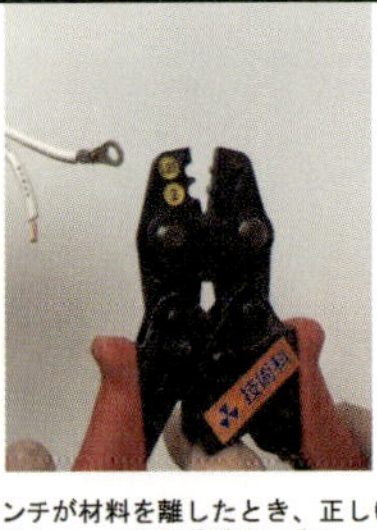 圧着ペンチが材料を離したとき、正しい力で圧着端子とコードを圧着接合できたことを意味する	 コードと圧着端子を圧着ペンチで接合している様子

プラグとコードをつなぐ圧着端子を圧着ペンチで圧接する。圧着ペンチがコードを解放したとき、正しい力で圧接されたことを意味する。

だし、何度もそれらを握っては離しながら、その道具の機構やメカニズムをみて感心している生徒の姿がありました。「やっぱりすごいなあ」とつぶやいていました。隣に寄ってきた友達はワイヤーストリッパーのほうが気に入っていたようで、「ワイヤーストリッパーを考えた人は天才やで」など、二人で道具にまつわる談義をする姿もありました。

また、生徒たちは道具の出会いを「印象に残ったこと」としてあげてきます。「この実習で初めて電気関係の工具に触れました。はんだ付け、ワイヤーストリッパー、圧着ペンチなど知らない世界に放り込まれたような気分でした。」と述べたり、「特に苦労したのは、ビニールを剥がすことです。ニッパーでやっているうちは導線を何度も傷つけてしまいました。圧着ペンチは少しでもずれるとやり直しがきかないし、強い力も必要でとても大変でした。（中略）一つの作品をつくるのに、細かい作業があり時間がかかると実感しました。」

もし、正確な作業だけを生徒に求めたり、画一的な作業行程の指示に終始する授業であったなら、道具の発明の素晴らしさや面白さ、先人たちの工夫に感動することはなかったでしょう。さらに興味深い点は、生徒たちは実習作業から工場の生産場面、作り手の仕事現場を想像しているということです。「毎日使っているテーブルタップを自分で作るというのがとても楽しかったです。皮むきも理科の爪で切れる導線ぐらいしかやったことがなかったのでとても新鮮でした。初めて工業的なものを作って、このようなことをずっと仕事としてやっている人がいて、そんな方々が作ってくれたものを私たちは使っているんだと改めて実感しました。」

7　実習や本物を通して目が肥える

電気工具の工夫された部分を感じることができるようになると、一定の強さ以上に締まらない仕掛けをもったトルクドライバー」や「締め付け作業の強さを数値で表してくれるトルクゲージ」等の道具を使わせていなくとも、紹介するだけでその道具の凄さを想像し理解できるようになるのです。さらに近年では、「パソコンにその数値を無線で飛ばしてくれるデジタルトルラチェット」と言う道具は作業者の作業履歴を記録し、組み立てられた製品の安全管理に役立てられる道具も出てきています。京都の地元にはＫＴＣ（京都機械工具株式会社）という道具メーカーがあり、その工場見学も有志で出かけました。授業で体験したあとの会社見学は、授業で道具と真剣に出会ったことがあるのとないのとでは、学びうることも全く違ったものになるでしょう。

道具との出会いを丁寧に演出することで、小さな部品に施されている工夫にも注目する生徒が増えてきました。例えば、プラグ側のねじの裏側がギザギザになっていることに気づいたり、別の題材ではコードの材質の違いに気づいたりする生徒も現れました。

道具メーカーの工場見学

デジタルトルクラチェット。締め具合をデジタルで表示し、作業履歴を残す

道具の仕組みについて談義する

8　市場に出回るテーブルタップの工夫から、次世代のテーブルタップを考える

この実習のまとめとして、生徒たちには「次世代のテーブルタップについて考案」かまたは、「テーブルタップについての考察」を求めました。新しいテーブルタップの考案については、試作には程遠い直観的なアイデアでありましたが、初期段階のものとしては非常に興味深く、「あったらいいな」という生徒達の発想を展開してくれました。

テーブルタップの定義を変える

テーブルタップとは「電力を離れた場所に供給するもの」という考え方から、「癒しと遊び心を提供するもの」という考え方に変えてやることによってあたらしいアイデアが生まれてくるのでしょう。多くの生徒はインテリアとして、かわいいおもちゃの要素を付加して考案してくる生徒がいます。「コンパクトかつ移動させられて、配線をまとめられるテーブルタップ」と定義し、動くおもちゃのようなインテリアを提案してきたり、**図表３―１**のように、「隠したくなるテーブルタップをかわいいインテリアに」というコンセプトでアイデアを出していたり、**図表３―２**は、テーブルタップを使うとイルミネーションにな

図表3-1 インテリアとしてのテーブルタップ

るというものです。これらは既存の「癒し」とか「かわいい」を連想するものとテーブルタップの組み合わせでもあるのですが、アイデアをだしやすくするためにテーブルタップの定義に変化を加えたとも言えます。実用的かどうかをテストするための試作品までつくれるとまた面白い活動になるのかもしれません。

図表3―3は、この発想でさらに「遊び心を表現できる」という価値をさらに付加したものでしょう。「部屋にあった色で、ブロックアートを楽しむおしゃれな展開」は、実際にありえるかもしれないと思わせる考案でした。

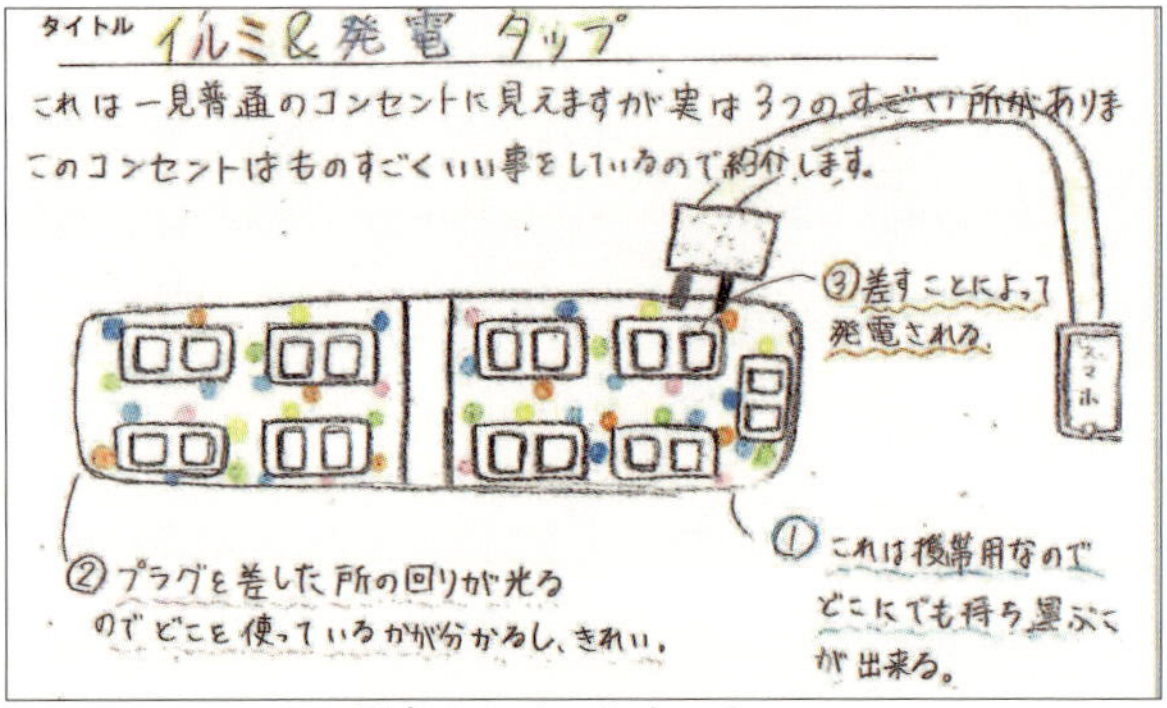

図表 3-2 イルミネーション

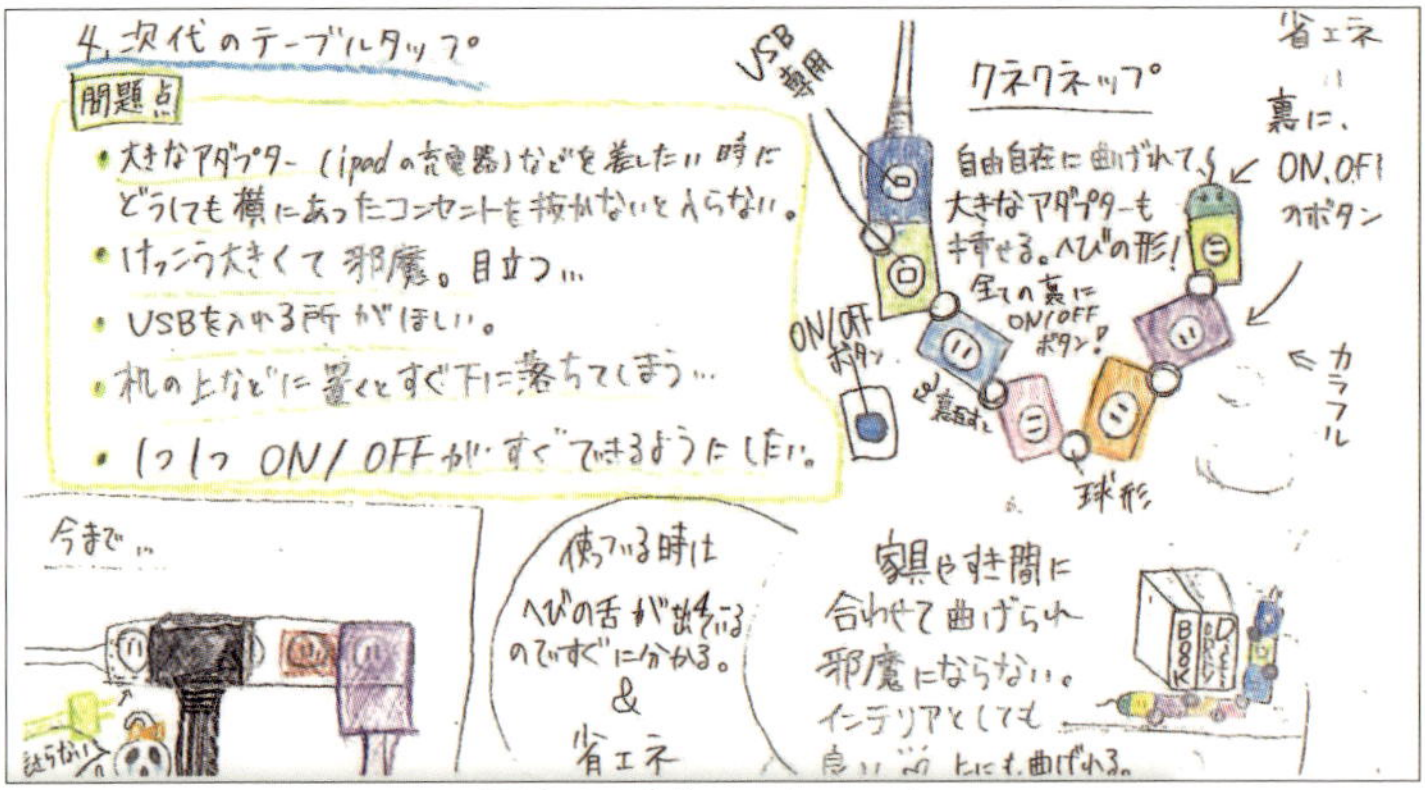

図表 3-3 ブロックアート

私が注目したいのは、一見空想的な夢のアイデアとも言えるこれらの提案の中に授業で学んだことが生かされていると言う点です。特に図表3―1においては、「もし水がこぼれても吸収性の高い糸やわたを使っているためテーブルタップは安全!」というコメントがあります。この生徒が言うような材料（糸や綿）を用いることが本当に安全性の保守に繋がるか否かという問題はさておき、少なくとも授業でテーブルタップの構造を理解し、水の危険性などを把握した上での考案に至っている点を評価したいのです。

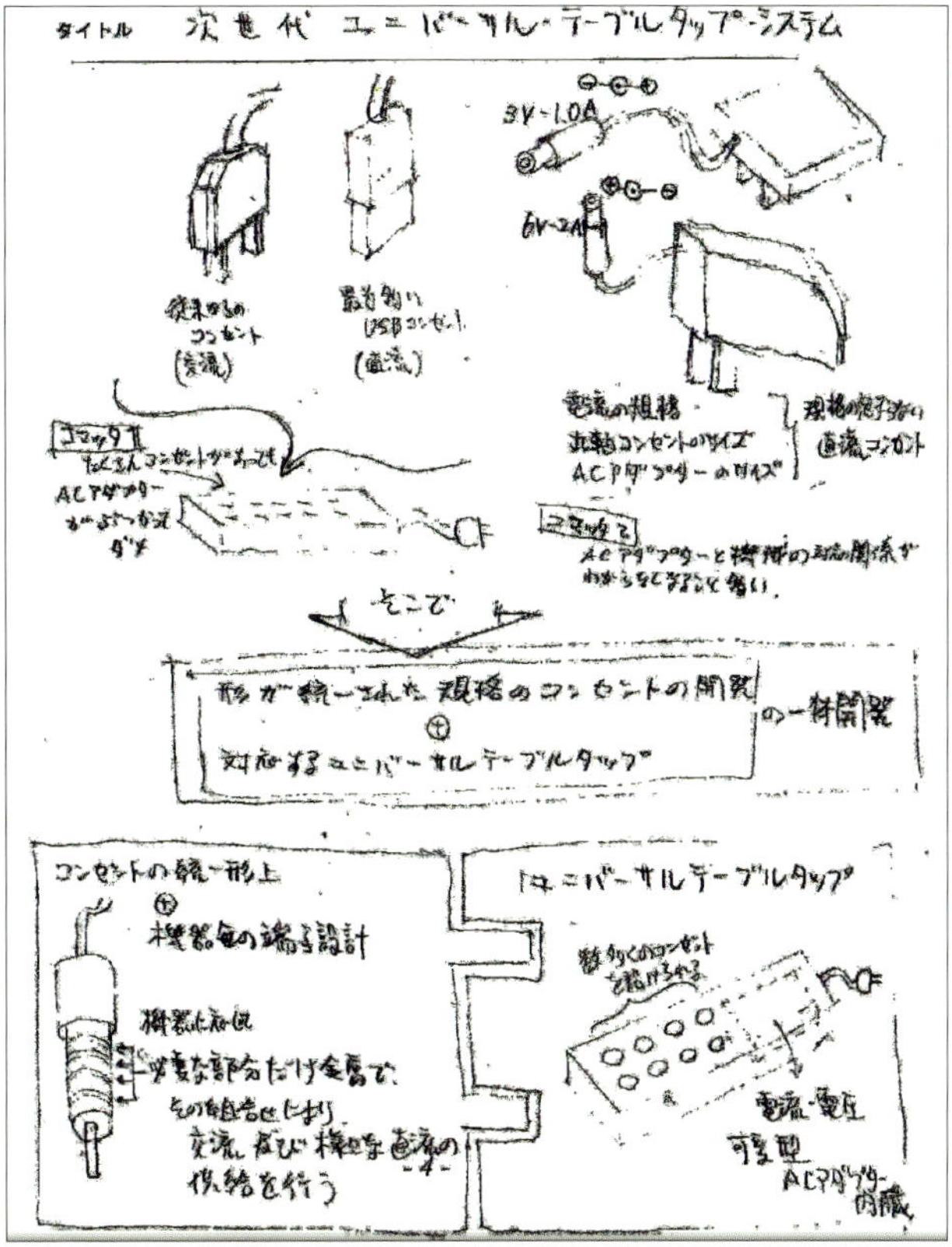

図表 3-4 ユニバーサルタップシステム

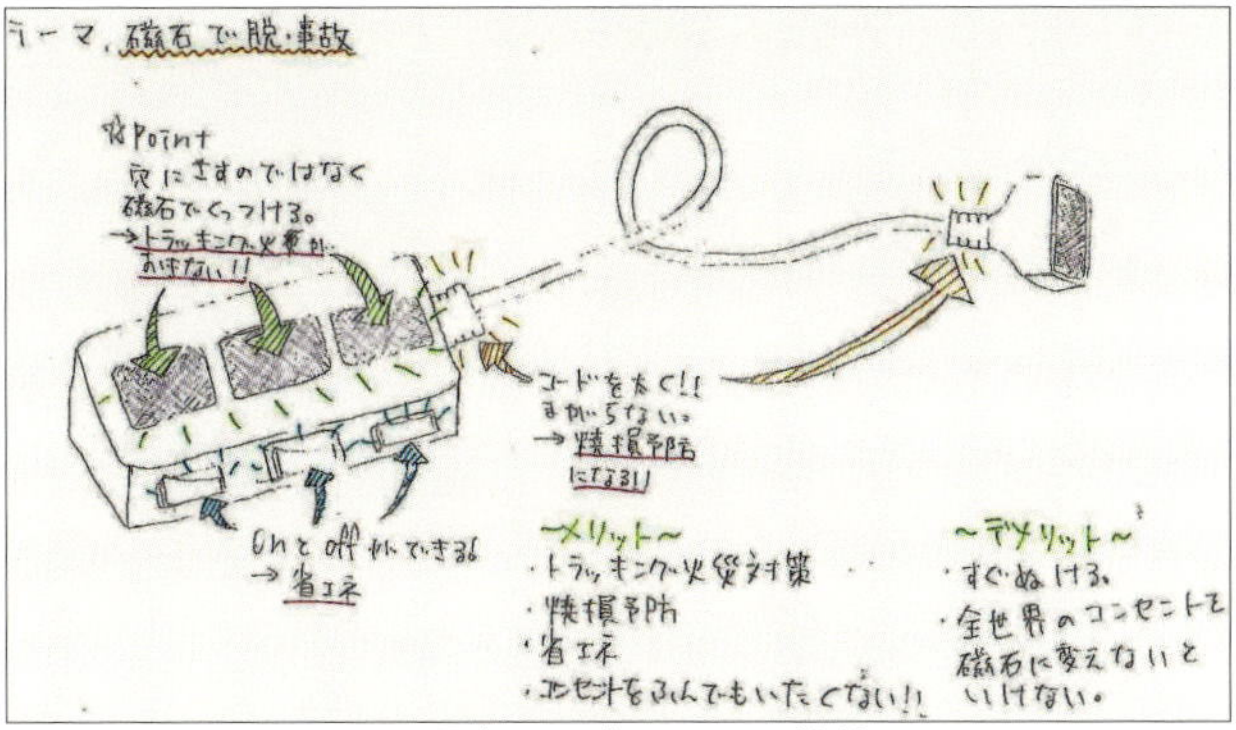

図表 3-5 磁石による接続

規格そのものを提案

プラグ形状に注目する生徒もいました。それは現行の規格からは外れてしまいますが、ユーザーに対して新しい方式によるテーブルタップの提案を試みています（図表3―4、3―5）。図表3―4は、プラグの規格そのものを問い直し、「形が統一された規格」として「ユニバーサルテーブルタップシステム」の発案に至っています。現行の直流プラグの形状をベースに彼なりの工夫を考えていて、自動的な変換の発案に至っているようです。

また図表3―5は、トラッキング火災にフォーカスして、磁石による接続を可能とするプラグの発案に至っています。これらのアイデアを試作段階へと進めたなら、技術的な課題をより認識できるようになり、さらに問題の見直しや再定義にもより深みを増すことになるでしょう。しかしながら、プラグの接続方法に注目し規格そのものを新しく提案しているこの例は、授業での実習や学習に影響を受けたものであるといえるのではないでしょうか。

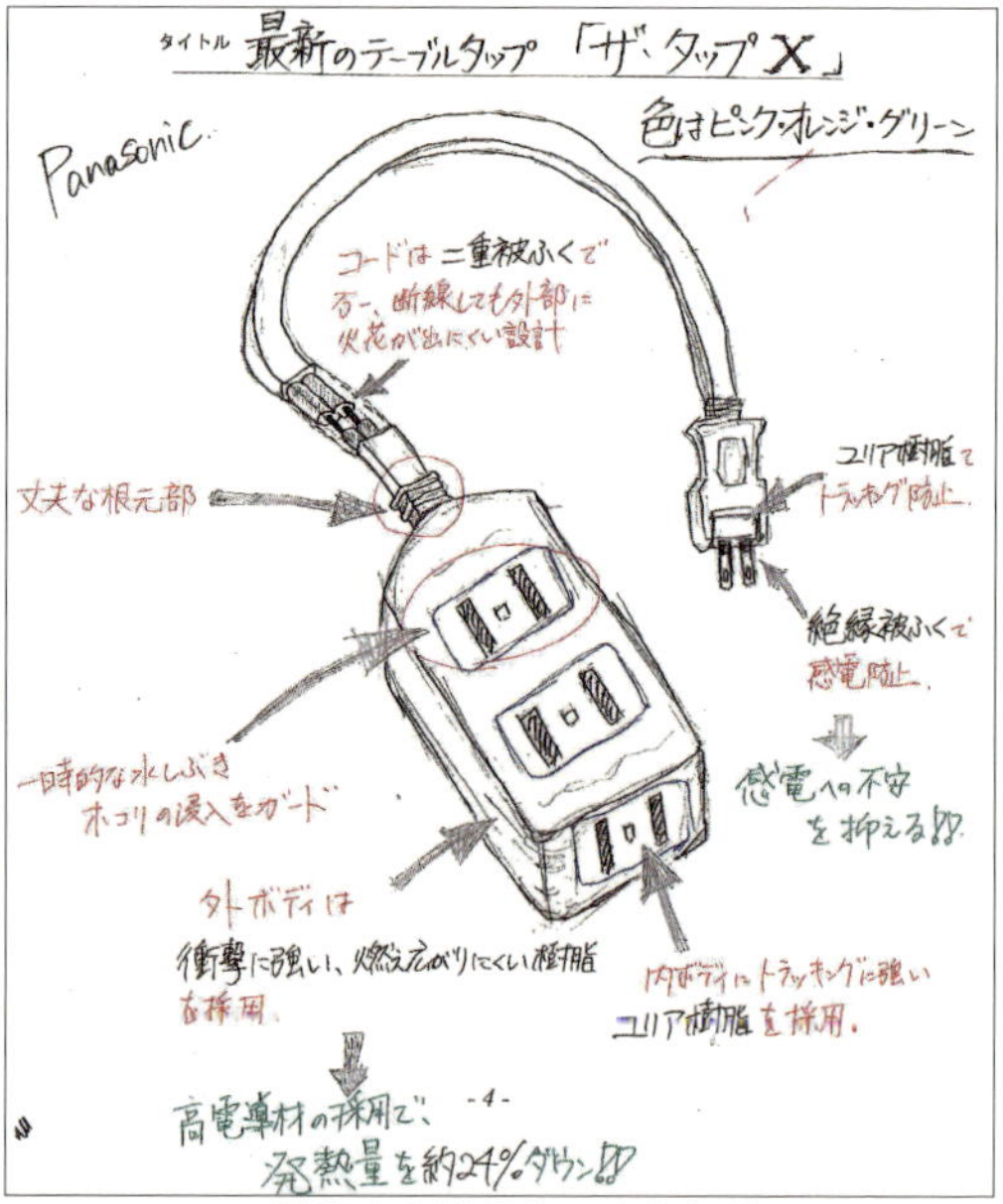

図表 3-6 製品をみるまなざし

「次世代のテーブルタップについて考案」をテーマにレポートしてくる生徒からわかることは、半ば空想的ともいえるアイデア出しを非常に楽しんでいることでした。道具とのより深い出会いを通し、より現実的な事柄を授業で学んだからこそのこれらのアイデア、そして生徒達の未来への期待のようなものをうかがうことができ非常に興味深かったです。

製品を見るまなざし

図表3―6の生徒は、すでに市販されているテーブルタップについて特徴点をまとめる形でレポートしてきました。この生徒の注目している点、気づき方に非常に興味深いものを感じました。この生徒が選んできたテーブルタップは、消費電力をモニタリングできるような高機能のものでもなく、カラフルでインテリアとしても使えるようなファッショナブルなものでもありませんでした。コードの太さ、材料の特徴や樹脂の種類、トラッキング火災防止の絶縁被覆および水や埃の侵入を防ぐシャッター、コードとタップ部分の接続部の丈夫さなどに注目してある市販のものを選んできました。授業でテーブルタップの製作で学んだことがあるからこそと思えるような視点が書かれていました。この生徒は、次世代のテーブルタップを考案しようとアイデアをひねったわけではなく、市販のテーブルタップの調査や分析に焦点をあてたレポートであったにも関わらず、「考え出したら止まらなくなって楽しかったです」と述べていることは、とても興味深いです。

9 「あったらいいな」を支えるもの―温故知新のものづくり―

電気に関わる基本的な事柄、安全保守について学びながら、安全で確かな結線を目標に実習作業を行ってきました。結線する作業者としての立場だけでなく、安全な製品供給に責任を持っている生産者の立場や、消費者の立場にも立ちながら、道具の設計過程を想像し、その知恵と工夫に気づくことによって、より深い道具の理解が可能になったのではないかと思います。「知らない世界に放りこまれたような気分」という生徒の発言はその良い例ではないでしょうか。そして、さらに身近なものに対する見方が深まり、ネジの形状のような小さなことなど、今まで目にも止めなかった工夫に気づけるようになりました。ある生徒は次のように述べています。「この授業でものがどのようにつくられているのか詳しく知ることができて良かったです。新しく知ったことは『もの』はもろくて壊れやすいということです。自分でつくったテーブルタップの耐用年数は5年だと言うことを知り、残念でした。だからこそ実際に売られているテーブルタップを含めた『もの』は相当悩んだ末に作ったものだろうな、すごいなと思いました。」

立場を変えて洞察した道具の知恵と工夫、確かな実習作業、現実社会の生産現場を下地にして「あったらいいな」を考案した生徒たちの「次世代のテーブルタップ」には、一味違う深さがあると言っても良いのではないでしょうか。ある意味で生徒たちは、身近な製品であったテーブルタップとの出会い直しを通して、考え直した技術の在り方、未来の生活へ一歩を描けた瞬間であったのかもしれません。

新しいアイデアで未来を描こうとする時、生徒達の多くは自由な視点から考えることは多いと思います。しかし現実のモノに落とし込むにはそれだけでは不十分で、先人の知恵や工夫に学び、実体験をとおしてロジカルに理をつけていく必要があります。そういった製品の設計を力強くサポートするのは、実感を通して身につけた感覚、先人の知恵や工夫への深い洞察ではないかと思うのです。

その学びの中心に据えると良いものが叡智の結晶とも言える道具であり、その道具との豊かな出会いを作ることができるのが、技術科の授業であるとも思います。子どもたちの「あったらいいな」という思いを応援する教室がますます重要になってくると思います。

（沼田和也）

第４章　技術を学ぶ文化

１　参考にしていることの自覚

「先生、自分で考えたから、参考にしたのは自分の頭でいい？」

今から十年ほど前、木製品の構想の授業である生徒がいったこの言葉が今でも忘れられません。授業では、４－１の写真のように意図的に前年度の先輩達の二百近い木製品を全て技術室に残しておき、先輩の木製品を参考にして構想を書かせ参考資料を明記するように指示していました。しかし、当時は全て自分だけで考えたと言い張る生徒が何人もいたのです。仕方がないのでこういうことにしました。

「これはすごい！　本を整理する棚なんて今まで誰も考えたことがなかった！　世界的な大発明だね。本の整理にみんな困っているから早く教えてあげないと……」

嫌みたっぷりですが、当時は自分が構想を考える時に様々なものを参考に

4-1 先輩の木製品を参考にする生徒達

していることに気づけない生徒が数多くいました。しかし、先輩の木製品を参考にして構想し設計を考える授業を十年以上続け、毎年のように参考資料を明記させる授業を繰り返した今、生徒からこうした発言が聞かれることはありません。

2つ前の勤務校にいた頃のことですから今から12年前のことです。私のミスで授業が思うように進まず、中学1年生で製作していた木製品を年度内で完成させることができなかったことがありました。翌年も技術室に先輩の木製品が並んだ状態で、次の中学1年生の設計をさせるしかありませんでした。ところが、その年の設計はそれまでに比べて驚くほどスムーズで、アイディアがレベルアップしていたのです。

それまでも先輩の木製品をみせていなかったわけではありません。全ての木製品をデジカメで撮影し、データベース化してPC室で何年分もの先輩の木製品を見られるようにしてありました。しかし、先輩の木製品の実物を手にとった生徒は、比較にならないくらい容易に先輩のアイディアの素晴らしさに気づき、自分の木製品にその刺激を生かすことができたのです。翌年、前任校に異動して、中学校1年生で製作した木製品をすぐに持ち帰らせず、翌年度の夏まで技術室に残しておき、後輩達が手にとって自由に参考にできるようにしてみました。すると、生徒の動きが劇的に変わっていました。

中学校に入ったばかりの7年生（小中一貫校の中学1年生）の授業では、技術室後方の棚（4―1）に並んだ先輩の木製品の中から5分間で直感的に気になる作品を選ばせ、その先輩の木製品の素晴らしさを班の中で1人1分でプレゼンしあうところから授業をスタートさせています。自分のことについては多くを語れない生徒も、先輩の木製品を手にとり説明させることで、その木製品のアイディアを語りはじめます（4―2）。ワークシートに

4-2 先輩の木製品のアイディアを語る

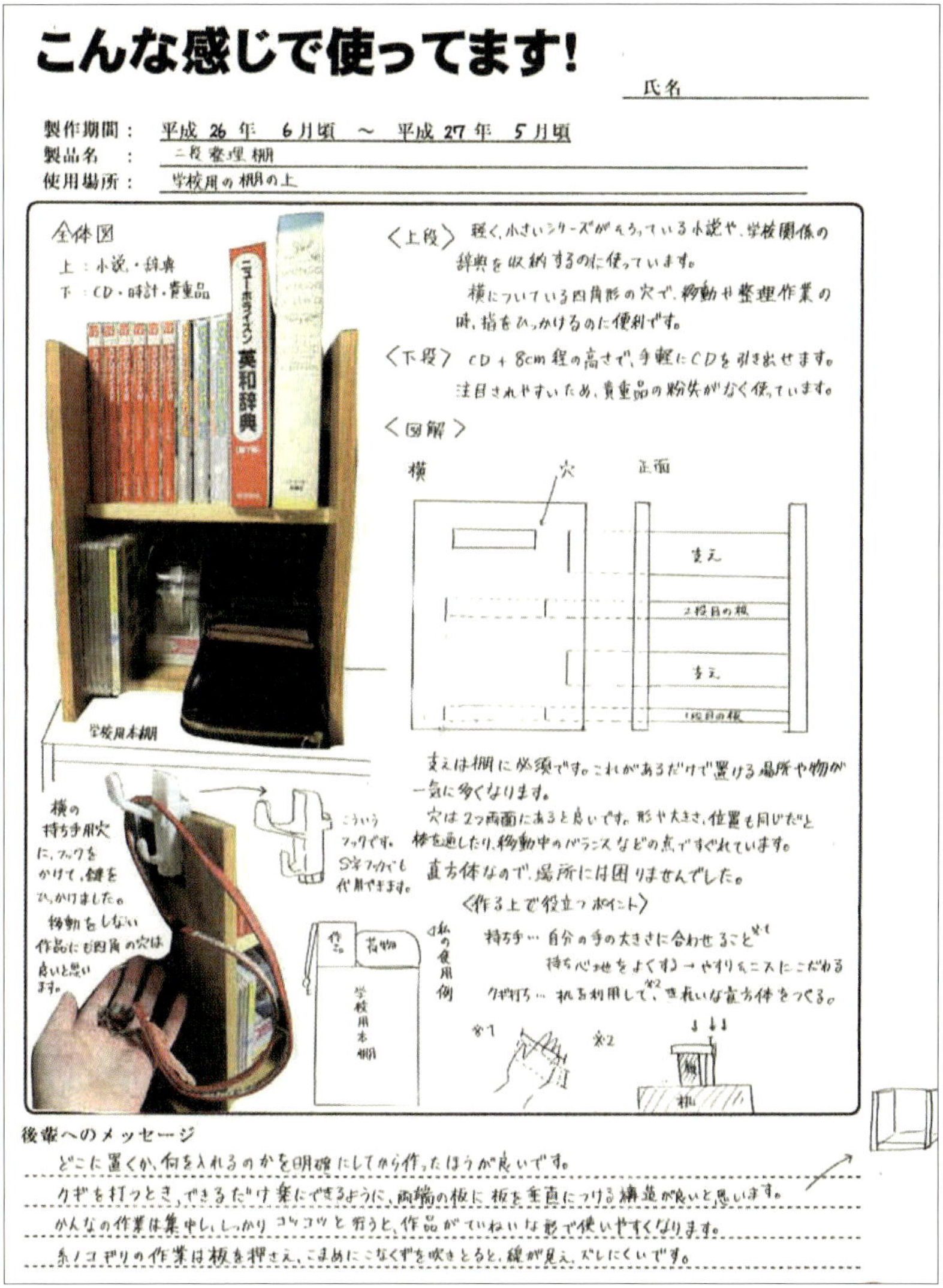

こんな感じで使ってます！

氏名

製作期間：　平成 26 年　6 月頃　～　平成 27 年　5 月頃

製品名　：　二段整理棚

使用場所：　学校用の棚の上

全体図

上：小説・辞典

下：CD・時計・貴重品

学校用本棚

横の持ち手用穴に、フックをかけて、鍵をひっかけました。

移動をしない作品にも四角の穴は良いと思います。

こういうフックです。S字フックでも代用できます。

〈上段〉　軽く、小さいシリーズがそろっている小説や、学校関係の辞典を収納するのに使っています。

横についている四角形の穴で、移動や整理作業の時、指をひっかけるのに便利です。

〈下段〉　CD＋8cm程の高さで、手軽にCDを引き出せます。注目されやすいため、貴重品の紛失がなく使っています。

〈図解〉

横　穴　正面

支え　2段目の板　支え　1段目の板

支えは棚に必須です。これがあるだけで置ける場所や物が一気に多くなります。

穴は2つ両面にあると良いです。形や大きさ、位置も同じだと棒を通したり、移動中のバランスなどの点ですぐれています。

直方体なので、場所には困りませんでした。

〈作る上で役立つポイント〉

◁私の使用例　作品　荷物　学校用本棚

持ち手…自分の手の大きさに合わせること※1

持ち心地をよくする→やすりとニスにこだわる

クギ打ち…机を利用して、※2きれいな直方体をつくる。

※1　※2　机

後輩へのメッセージ

どこに置くか、何を入れるのかを明確にしてから作ったほうが良いです。

クギを打つとき、できるだけ楽にできるように、両端の板に板を垂直につける構造が良いと思います。

かんなの作業は集中し、しっかりコツコツと行うと、作品がていねいな形で使いやすくなります。

糸ノコギリの作業は板を押さえ、こまめにこなくずを吹きとると、線が見え、ズレにくいです。

4-3 先輩のレポート

は、誰先輩のどんなアイディアが参考になったのかを必ず明記させます。自由に先輩の木製品を見て設計させると、製作に見通しをもつことができることはもちろん、先輩のどのようなアイディアを参考にしたのかを明確に意識させることができます。

さらにこの数年は、持ち帰った木製品を実際にどのように自宅で使っているのかを先輩達にレポートしてもらい、参考資料に加えています。先輩のレポート（4―3）には、実際に自宅で木製品を使っている写真が掲載され、自分が何にこだわって製作したかが説明されています。授業で木製品の製作に取り組みはじめたばかりの7年生（中学1年生）のために、8年生（中学2年生）全員の完成した木製品を技術室の棚に並べ、9年生（中学3年生）全員のレポートも自由に閲覧できる環境を作り出したことになります。

7年生（中学1年生）の生徒たちは、食い入るように先輩のレポートに見入っていました。何人かの生徒に彼らのワークシートをみながら、「このアイディア面白いだろう。○○先輩のも見ておいたほうがいいぞ」などと話しかけると、その生徒は「○○先輩ですよね。私はここをもっと○○しようと思います」といった反応が返ってきました。こうした会話が、多くのクラスで何度も成立したのは驚きでした。

2　技術室文化という考え方

夏休みまでに7年生（中学1年生）の生徒たちは、それぞれに悩みながら設計図の素案を書きます。そしてその設計図には、何を参考にしたのかが明記されていなければなりません。誰の木製品を参考にしたのか、どんなことを参考にしたのか、その意識を明確に持たせるためには、参考にできるものを豊かに用意する必要があります。そして、それはただ参考にする木製品がたくさんあるから設計しやすいということだけを意味しているのではありません。

十年ほど前、他校の技術科教師から指摘を受けたことがあります。「真似をさせたら同じような作品ばかりになってしまう」たしかに、もっともな意見にきこえます。しかし、よく考えてみるとそこには何も参考にせずに（真似をせず）アイディアを考え製作することができるという、間違った常識が隠れていることに気付きます。どんな偉大な発明も、何かを参考にして生まれます。その分野以外のものを参考にしていることもあるかもしれません。

著作権などの知的財産権を語る前に、自分たちが先人たちの積み上げてきた知的財産の上にはじめて何かを作り上げることができることに気づかせることが必要です。そして、自分の学びもその文化の一部となって継承されていくことを実感としてつかませる必要があります。参考にしていることを明記することは、その文化の一員であることを自覚し、その文化に足跡を残すことの価値を彼らに気づかせることにつながります。

課題の詳細は教師から与えられたものではありません。使うことができる一人分の木材はあらかじめ決められてはいますが、どんな作品を参考にするのかを選択する中で、どんなアイディアを実現するのかを考え、彼ら自身が自ら課題を設定することになります。そして，製作する中で様々な変更が加えられ、設計図は柔軟に書きかえられていきます。彼らは先輩も経験したであろう加工とその試行錯誤を経験する中で先輩の学びを再発見し、さらなる改善が生まれていきます。単なる製作というより、プロトタイピングに近い経験です。

十分なものづくりの体験のない生徒が、設計図を書く段階で全てに見通しをもつことはできません。しかし、先輩の木製品を参考にさせることで一定程度の見通しをもって自らの課題に立ち向かうことはできます。先輩の学びがその木製品に埋め込まれているとでもいったらよいでしょうか。生徒はなぜ先輩がそうした加工をしたのか、なぜそうした形状にしたのかを製作の中で、様々な試行錯誤をしながらようやく実感をもって気づくことができます。

不思議なことに、先輩の作品にたくさん触れた生徒ほど、先輩がチャレンジしたことのないアイディアを実現しようとします。先輩を超える何かをそこに加えようとするのです。そして、これは実践者としての直感でしかありませんが、先輩の作品に豊かに触れた生徒は、現実の製品などにも鋭い目を向けはじめます。こうした生徒が学年の中に数人いるだけで、翌年にその作品が数多くの生徒に参考にされることになります。1年目でうまく実現できなかったアイディアが、翌年後輩の生徒の手によってより高度に実現することもあります。

この「何を参考にしたか」を明確にした技術室での学びの環境を「技術室文化」と名付けることにしました。学習内容だけで授業を語るのではなくて、文化的側面から授業をデザインすることの有効性に気づかされたのです。生徒たちは、自分が真似をしていること（参考にしていること）に無頓着です。ほとんどの生徒は、意図的に知的財産の価値を学ばせることなしに、自分たちが先人の積み上げた知的財産の上にはじめて何かを生み出すことができることに気づくことができません。

真似をしていることに無自覚なまま、著作権などの知的財産権だけを教えたとするなら、法律上問題がなければよいととらえてしまう生徒が出てくるのは当然のことなのかも知れません。著作権がらみの問題が起こるたびにその当事者の多くが「真似はしていません。自分で考えました」あるいは「自分たちのオリジナルです」などと語る背景には、自分たちがその文化の一員であって、その文化が発展、進歩するために貢献したいという意識の欠如があるのです。

本当に必要なのは「真似をしてはいけません」ではなく、自分から「参考にしました」と語ることのできる次世代が育まれることです。素晴らしい作品や成果を出した人をリスペクトし、参考にしたと公言できる次世代が育まれるためには、何を参考にしたのかを明記させ、参考にしたことを意識させる授業展開と学習環境が不可欠です。

3 生徒の学びが技術室文化を進化させる

先輩の木製品を参考にすることで、多くの生徒が先輩を超えることを目指します。運動部の経験がある方なら、先輩が引退した後に後輩達の意識が大きく変わることをよくご存じのはずです。多くの生徒は、部活動の先輩を乗り超えようとするのと同じように、そこに今の自分を超える成長した自分の姿を見ています。

M君は、棚板が斜めになった先輩の作品を数多く参考にしていました。そして、その全てが前後方向に底板と背板を傾けたものであることに気づいたのです。彼は、これまで誰も挑戦したことのない底板が左右方向に傾き、側板に三角形の板が取り付けられた本棚を設計図（4―4）に描きました。本を置くと、左側にいつも本をそろえておくことができる本棚です。

この設計図を見せられたとしたら、あなたなら、どうM君に向き合うでしょうか。こんなのは無理だと言うこともできるでしょうし、難しいからやめておけということもできます。でも、この設計図を描いてきた時点で彼の頭の中にはこの本棚が出来上がっていることが私にはわかりました。

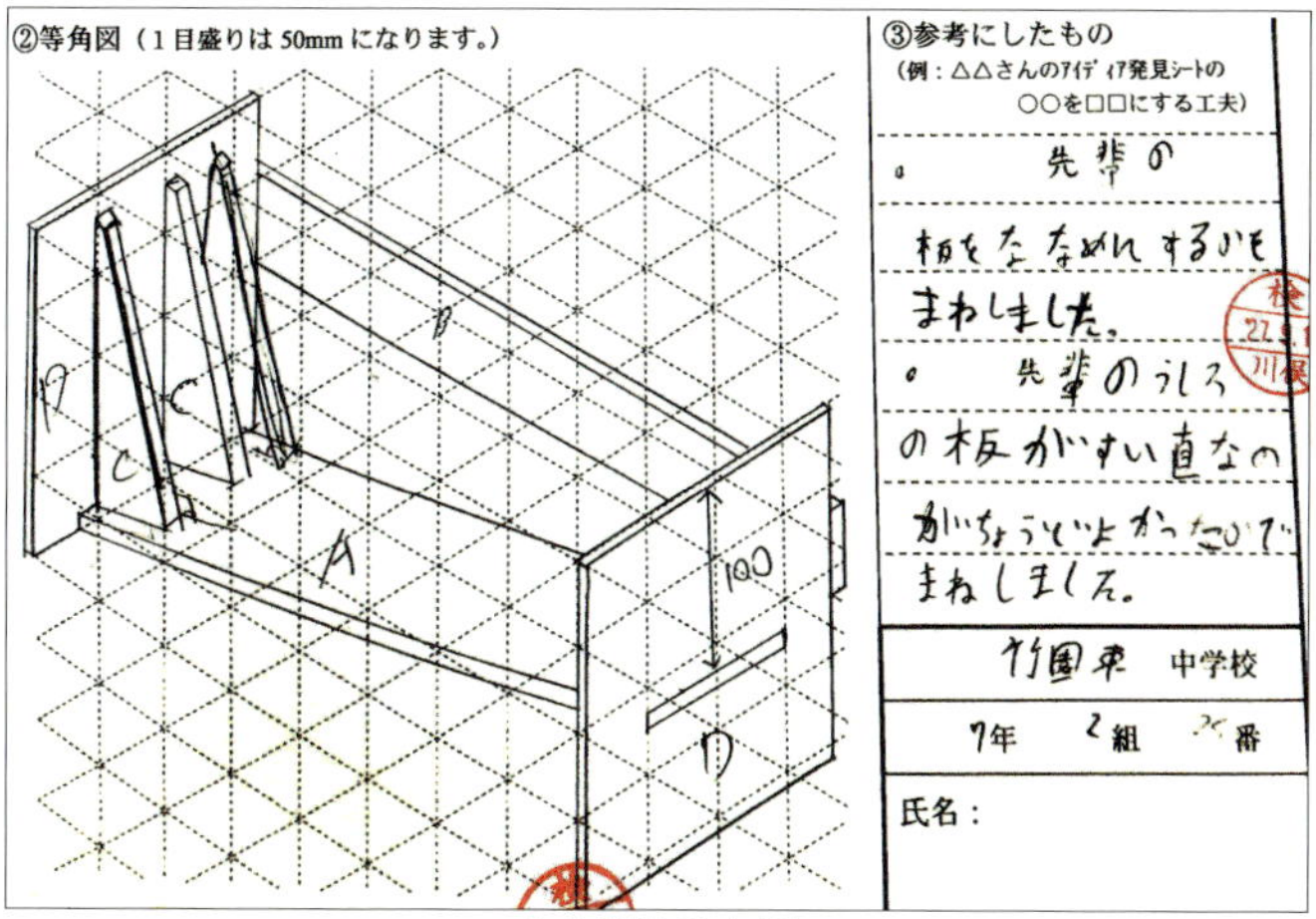

4-4 斜めの本棚

この木製品の加工のポイントは底板のこぐち面の加工にあります。こぐち面を斜めに、しかも正面からみた時には正確に平行四辺形に加工されている必要があります。のこぎりやかんなの技能習得はそれぞれ3時間をかけてしっかりと行ってはいますが、このこぐち削りはまさしく応用です。彼は、斜めに傾けるために側板に取り付ける予定の三角形の部品をそのまま利用して養生テープで固定し、正確に同じ角度をつくりだした上で、こぐちを削りました（4―5）。でも、こぐちけずりは裏返す必要があります。どうしたら解決することができるでしょう。彼は悩み込んでしまいました。教師は彼と一緒になって解決策を考えます。3通りの解決策をアドバイスしました。①左手でかんながけする。②傾きが逆の治具をつくる。③裏返さずに押してかんながけする。彼は③裏返さずにかんなを押してかんながけをするを選択しました。その時の様子が4―6です。意外と知られていませんが、かんなは押して使った方が軽い力で削ることができます。実際、日本以外の多くの国のかんなは、押して

4-5 斜めのこぐち削り（引く場合）

4-6 斜めのこぐち削り（押す場合）

4-7 完成した斜めの本棚

使うものです。

加工法を教えることだけなら、こんな加工を考えさせる必要はありません。しかし、先輩の木製品を参考にさせると、毎年のようにクラスで何人もの生徒がこうした全く新しい加工に挑戦します。これまでの常識を超える新しい加工技術が生徒の手で生み出されていきます。翌年度以降の生徒達が、こうした加工技術を自らの意志で選択し、さらにその改良に取り組むことで、技術室文化が年度を越えて進化していきます。

4 身近な製品を再発明する

「うちの消臭スプレー最後まで使えなかった」

ある生徒のつぶやきから、この班の再発明が始まりました。再発明とは、身近な製品の課題を見つけ出し、その課題を解決するアイディアを班（男2人、女2人の4人）で考え、協力してプレゼンする授業です。これは未来の技術を空想する授業ではありません。すでに存在している技術で実現可能なものを考える授業です。彼らにはディティールにこだわるように指示します。どんな形なのか、どんな動きをするのか、実際の製品がイメージできるようなプレゼンをするように求めます。導入と最後のプレゼンを合わせて5時間の竹園東中学校技術科最後のまとめの授業です。

彼らはまず、消臭スプレーがその容器の最後までなぜ使えなかったのか、教室にある窓ふき用のスプレーを手にとりながら検証をはじめました。すると、ボトル内部に垂れ下がっているストローのような部品の先端が、液面の上に出てしまうことが原因であるということに気付きました。そういえばといった感じで、別の生徒がつぶやきます。

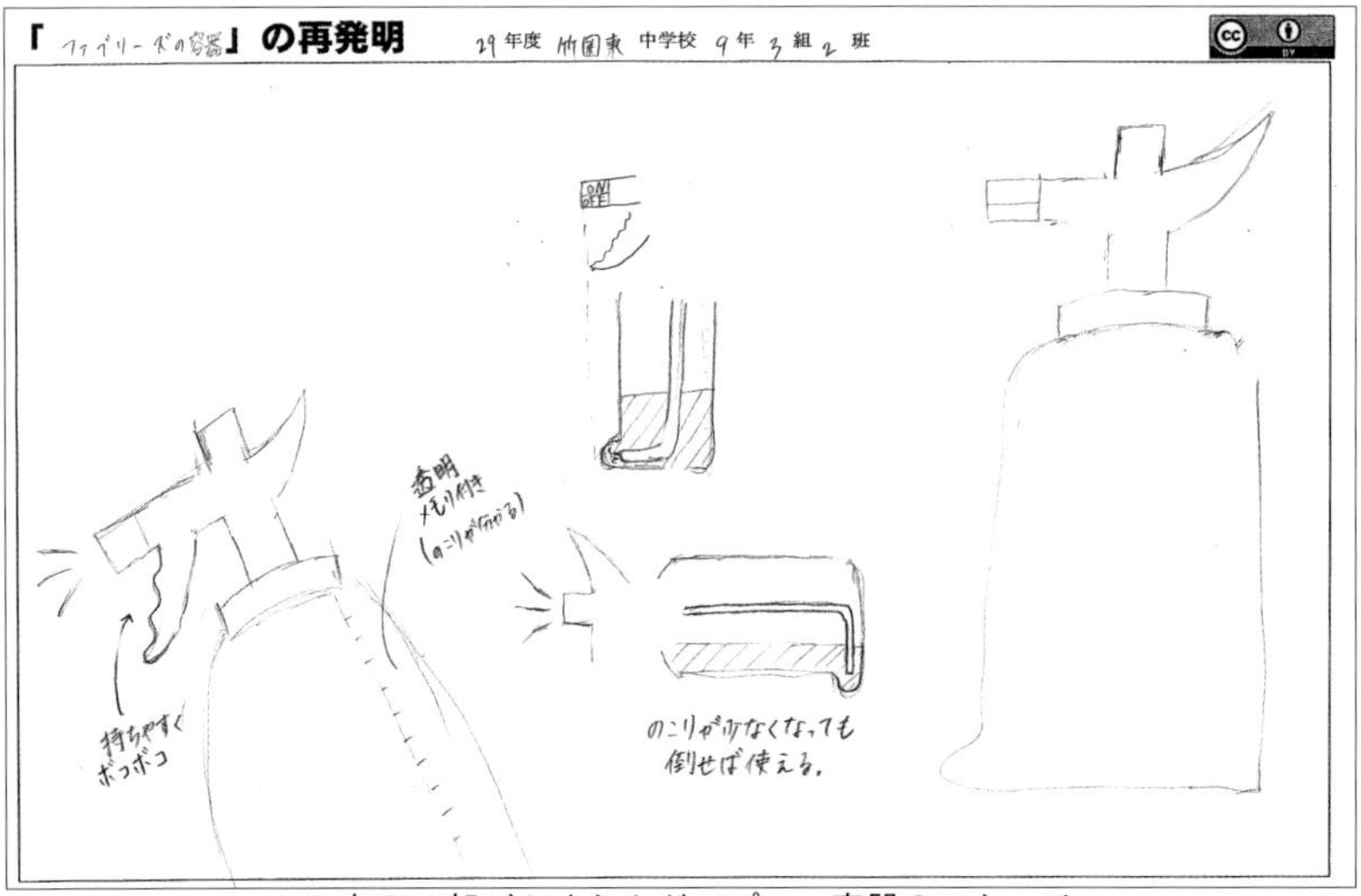

4-8 底の一部がふくらんだスプレー容器のスケッチ

「スプレーって傾けると使えないよね」

確かに、傾けた時にスプレーが出ないことはよくあります。こういう時はボトルを取り外して、ボトル内部に垂れ下がるストローのようなものの向きを液に浸かる向きに直して再度取り付けスプレーが出るようにしているのではないでしょうか？　最後まで中身を使い切ることや傾けても使えるようにすることよりも、棚などの上に置きやすいということが優先され、ボトルの下部は立ちやすいように平面に近い形状になっています。

そこにまた別の生徒が、ひらめいたと言って妙な形の図を描きはじめました（4―8）。そこに描かれていたのは、足の指のように底の一部がふくらんだ容器でした。従来と同じく底が平面なので棚の上にも置きやすいけれども、底の一部をちょっとだけ膨らまして、そこにスプレーから垂れ下がるストロー状の部品を固定してしまえば最後まで使えるはずだというのです。その図を班のメンバーで見ているうちに、膨らみは前につけた方がいい、そうすれば、上にあるスプレーノズルの出っ張りと重なって膨らんでいることも気にならないのではと話し合いは進んでいきました。しかし、このアイディアには致命的な欠陥があったのです。

「下に向けると最後まで使えるけど……ノズルも下向きになっちゃうよ」

そう、最後まで使えるのに、最後は下向きにしかスプレーを使えません。前に傾けて使うことを考えると、液面が下がってくると水平よりも下向きにしかスプレーを噴射できません。実際ノズルを若干上向きにしてスプレーを使うことはよくあります。このままでよいはずがありません。

彼らの導き出した解決策は、立てた時と寝せた時で、二種類のノズルを使い分けられるようにするというものでした（4―9）。今のスプレー容器には、ノズルの先端にONとOFFの記号が書かれています。そこをONにしなければスプレーできない仕掛けはすでに実現しています。これを二つつけて、使う方だけをONにすればよいのです。

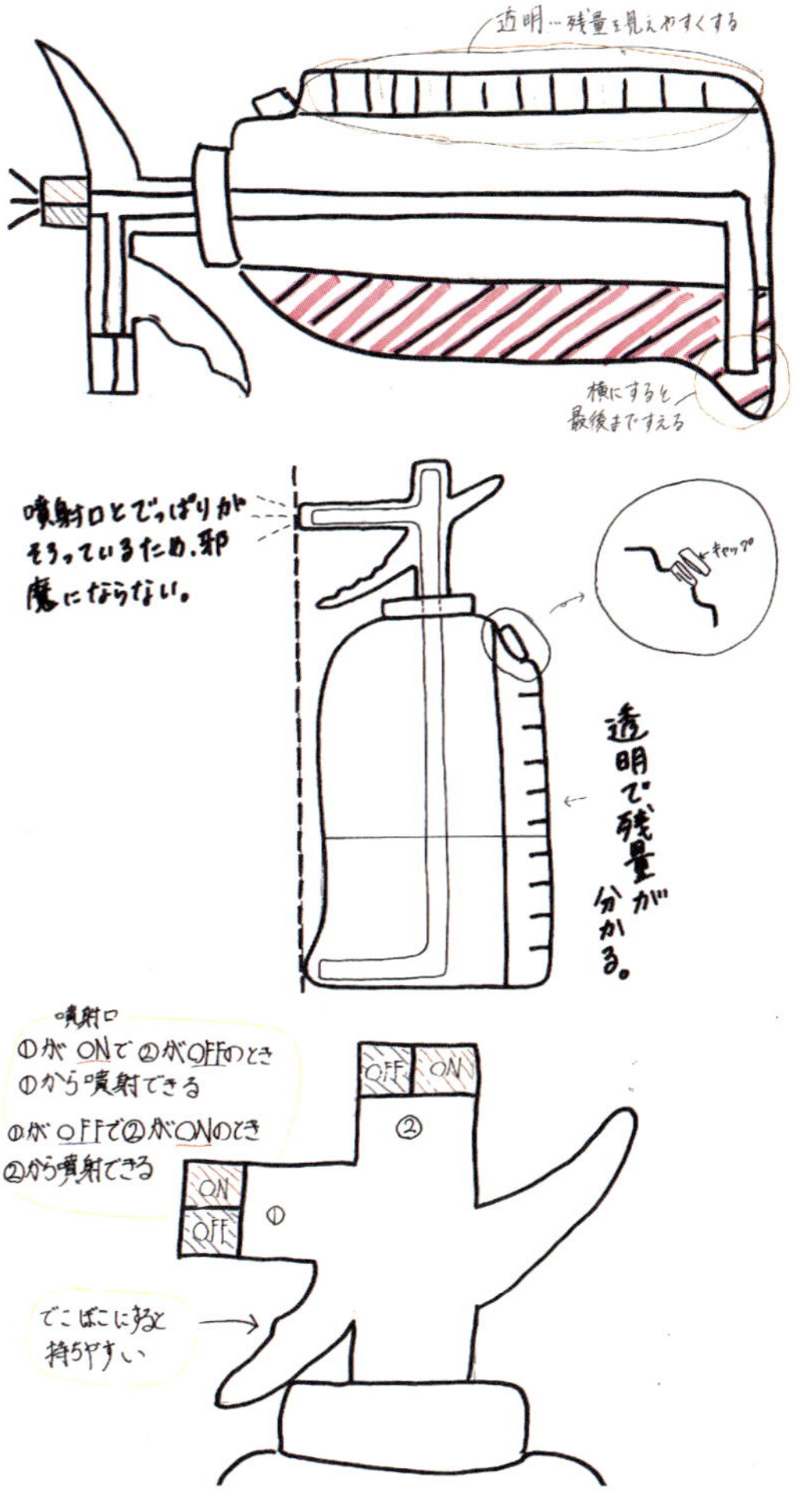
透明…残量を見えやすくする
横にすると最後まで使える
噴射口とでっぱりがそろっているため、邪魔にならない。
キャップ
透明で残量が分かる。
噴射口
①が ONで ②がOFFのとき ①から噴射できる
①が OFFで②がONのとき ②から噴射できる
OFF
ON
①
②
でこぼこにすると持ちやすい

4-9「スプレー容器」の再発明
（平成28年度つくば市立竹園東中学校
9年3組2班）

当然ですが彼らは自分達で考えています。身の回りの製品の改良をこれまでに学んだ全てを生かして考えようとしています。そして、いつの間にか今ある製品がどうしてそうした形状をしているのか、どうしてそうした動きをするように作られているのかを考えています。その製品の課題を克服するためには、その製品を生み出した人がなぜその形状を採用したのかを理解しなければならないのです。私たちはいつの間にか今ある製品を当たり前のものと思い込んで使っています。しかし、技術の歴史をひもとけば、今、当たり前のように使われている製品もどこかで発明されたものであることに気付きます。

この授業を紹介すると「それはここに載っていましたよ」「その製品見たことがあります」といった指摘を受けることがあります。確かにその通りの場合も数多くあります。

しかし、それはこの授業にとって大切なことではありません。新規性を検証するのに時間をかけるのではなく、自分たちで考えたアイディアが他で既に実現されていたことを後で知ることになったとしても、班のメンバーと一つの製品の改良（再発明）を巡ってあーでもない、こーでもないと議論することが、生活を支えている製品を見る目を変えてくれるのです。

これまでの学校では、知識は教わるもので誰かに与えられるものとして扱われてきたように思います。しかし、この再発明の授業では、従来あるものがなぜその形なのか、従来の製品の何が問題なのか、違う方法でそれはもっとスマートに実現できないのか、と既存の知識を覚えるのではなくて、自分たちのアイディアを図や立体に表し、プレゼンとして具体的に説明することが求められます。その時の生徒の姿は実に生き生きとしたものでした。

教科書に載っている知識に縛られるのではなくて、それはこんな風にするともっとよくなると提案できることが生徒達の主体性を引き出すことにつながります。大人の固い頭で考えてもたどり着かない様々な思考が展開されていました。平成28年度の全ての班のプレゼン資料はサイト上でも公開されています。（身近な製品を再発明（reinvent）、つくば市立竹園東中学校、http://www.tsukuba.ed.jp/~takezono-j/?p=4945）

5　デザイン（設計）の時代がやってくる

残念なことに今、技術科の授業時間は中学校3年間でわずか87・5時間（技術・家庭科で175時間のため技術分野はその半分）しかありません。もし、もっと時間があったなら、身近な製品を再発明した彼らのそのアイディアを実際に形にするところまでを学習させることが可能です。3Dプリンターやレーザー加工機など、コンピュータ制御された工作機械が安価に販売され、今まさに技術室に導入されようとしています。デジタルファブリケーションと呼ばれるこの技術革新によって、これまでは大量生産しかできなかったような部品を、手軽に製作することができる環境が整いつつあります。

4―10は、平成27年度の再発明の授業で生徒が考えたアイディアです。穴開けパンチは持ち歩くのには大きすぎます。そして大概は数枚に穴をあける程度の使い方がほとんどなのに彼らは気付きました。そこで、筆箱の中に入っているもので穴開けパンチの機能を組み込めそうなものを探しました。そして15㎝にも30㎝にもなる2つ折りになる定規を見つめながら、この折れ方を蝶番のような方向に変えれば、定規とパンチが一体化できるのではないかと気づいたのです。

しかし、この4―10だけでは実現は難しいだろうと考えてしまうかもしれません。事実、考えた生徒達もアイディアを考えはしたものの、現実にできるとは思っていませんでした。9年生（中学3年）だった彼らは既に卒業して高校生になってしまっています。仕方ないので私が3D－CADで形状をモデリングし、3Dプリンターで出力してみました。そして紙に穴をあけてみたら、穴を開けることに成功してしまったのです。安物の３Ｄプリンタで出力したので精度も悪く、素材もＰＬＡ樹脂しか選べないのですが、穴があいていたのです（4―11）。しばらく筆箱に入れて持ち歩いてみましたが、このパンチを使う機会は意外なほど多く、毎日何回も使っていました。素材が柔らかいので、しばらくすると穿孔《せんこう》性能が落ちてきて実用には耐えなくなってしまいましたが、もし、金型を使って固い素材を使うことができたら十分に実用に耐えるものが製作できるでしょう。穿孔部分の素材だけを金属にすれば耐久性も十分なものができそうです。

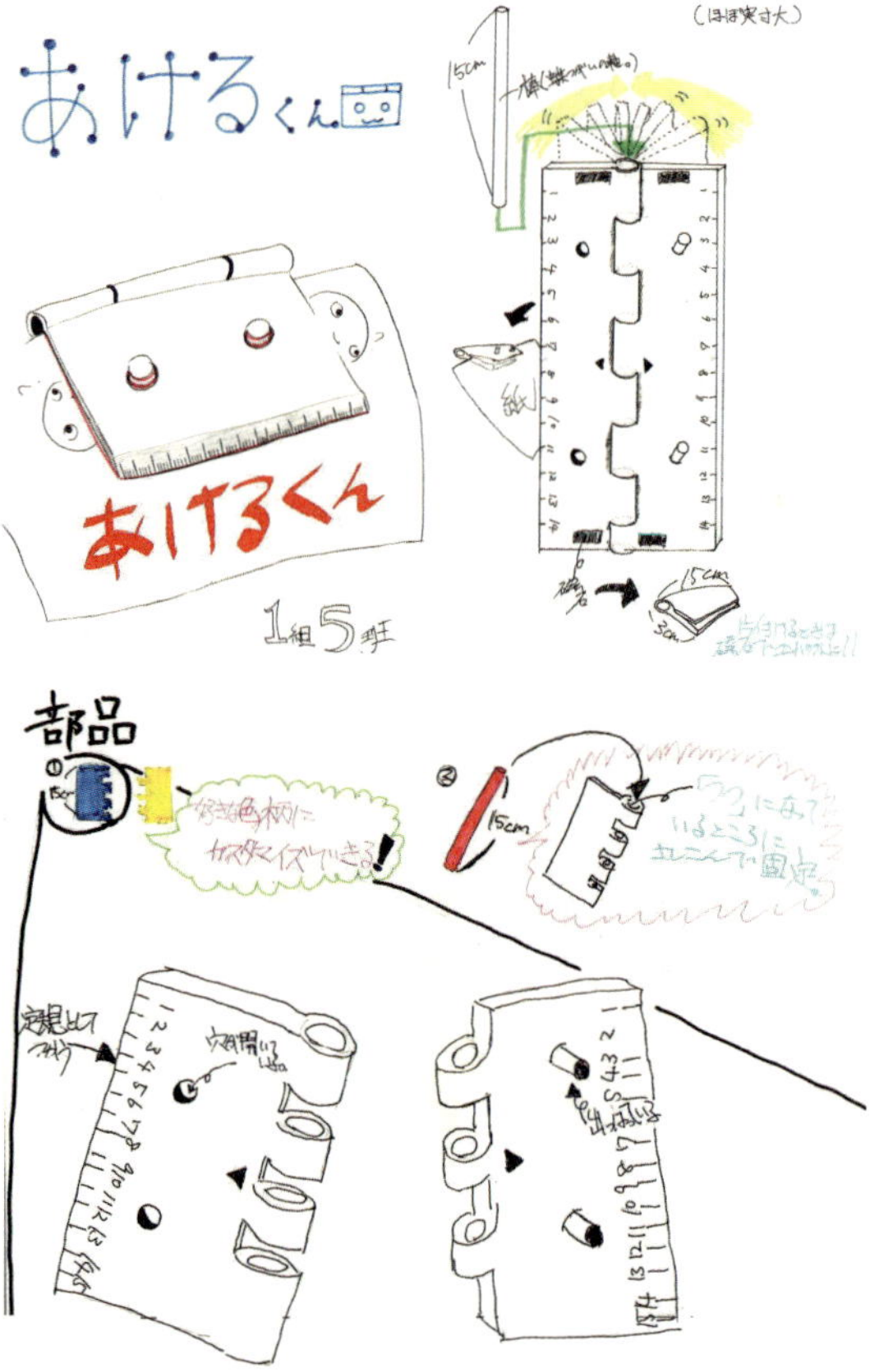

4-10「穴あけパンチ」の再発明
（平成 27 年度つくば市立竹園東中学校９年１組５班）

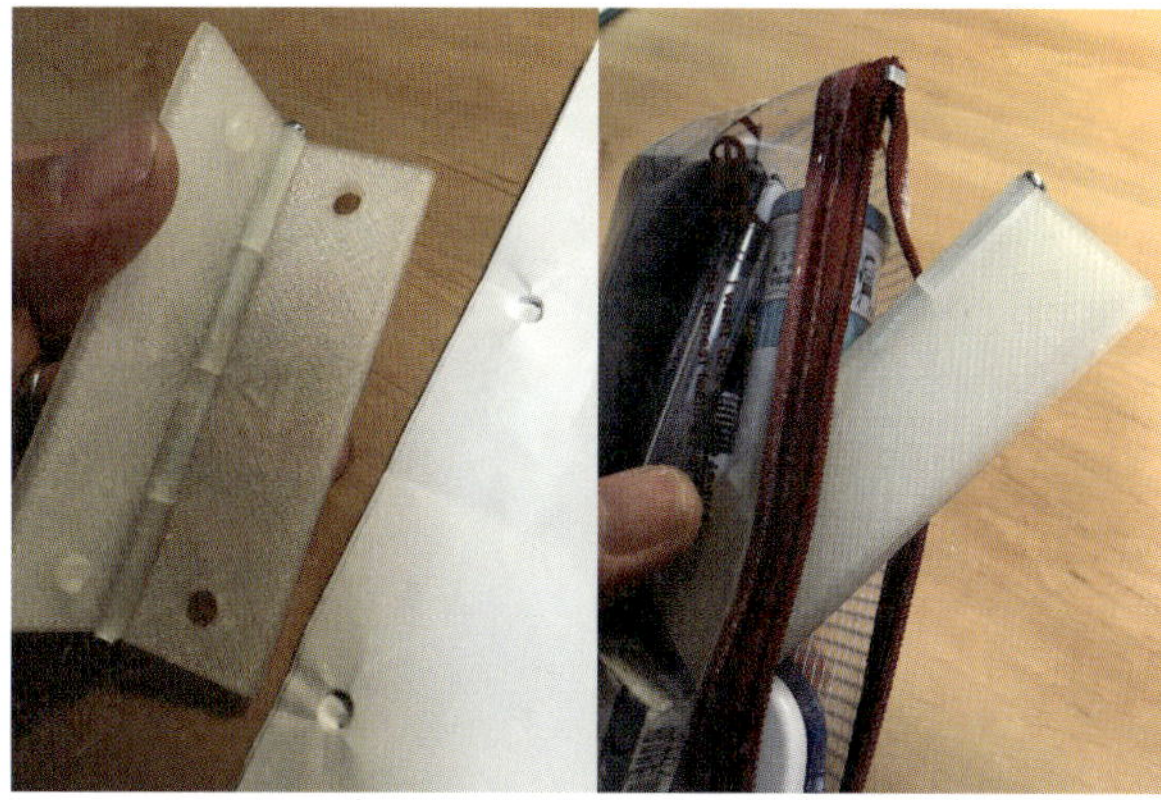

4-11 3Dプリンターでプロトタイプを使ってみる

こうした3Dプリンターなどを使った試作は、ラピッドプロトタイピングと呼ばれ、製品開発にはなくてはならないプロセスです。もし、生徒達がアイディアを元に試作させるところまで授業を展開することができたなら、アイディアを考えるだけでなく、現実の製品として世に出るまでに繰り返されるプロトタイピングを体験させることができるでしょう。

技術室に3Dプリンターが当たり前のように何台も置かれているような未来を思い描いてみてください。技術科には、これまでにない実践の可能性が広がっています。もし、諸外国のように普通科の高校で技術科の授業ができたなら、本格的な製品開発に取り組ませることもできるでしょう。その経験は彼らの技術を見る目を変え、よりリアルな世界として技術を見せることにつながるはずです。

デジタルファブリケーションは、これまで誰かがつくった製品を使うだけだった私たちに、アイディアを実現するデザイン（設計）の面白さと、プロトタイピングを繰り返して製品を練り上げる試行錯誤の大切さを教えてくれています。

6　生徒の学びが未来を切り拓く

私たちはこれまで、技術を学ばせることが文化だとは考えていませんでした。学習指導要領などに書かれた教育内容を生徒に身につけさせることが技術を学ばせることだと信じていました。しかし、先輩のアイディアを参考にする技術室文化を指向した授業を続けていくと、生徒もその文化の一員であることに気づきます。授業を進化させるのは教師だけの特権ではないのです。生徒一人一人の学びが、他のクラスや、次年度の授業に生かされる環境をつくることで、授業は教師を媒介としなくても進化させることが可能です。もちろん全てをその技術室文化に任せるのではありません。教師は生徒の優れた学びを見いだし、引き上げ、クラスや学年を越えて他の生徒に広める他に代えることのできない大切な役割を担っています。

今の私たちの社会や暮らしは、多くの先人のアイディアや試行錯誤の上に作り上げられた技術の基盤の上にあります。どんなに素晴らしい発明や最新技術も、先人が積み重ねた技術の上に、新しい何かを付け足したに過ぎません。何かを参考にして、新しい何かを生み出そうと試行錯誤を繰り返す中で、ようやく今ある製品や技術がいかに考え抜かれたものであり、私たちの社会や暮らしがそれなしには存在できない事実に気付くことができます。技術の世界には手を動かして試作してみてはじめてわかることが山のようにあります。

技術科の授業には、新しい何かをそこに加えることができる人になってほしいという私たち大人世代の願いがこめられています。生徒達には、自らが技術という文化の担い手である自覚を持ってほしいのです。技術という文化の価値を伝え、そこにコミットすることのできる次世代を育むことが私たち技術科教師の仕事です。

（川俣 純）

おわりに　ものづくりは中学生と現実社会とのつながりをつくる

ものづくりで中学生はなにを学び、どう成長したのか？

本書は、技術科の授業を事例として、ものづくりのなかで中学生が学び、成長していく様子をみてきました。

第1章「道具には夢がある」では、生徒たちは、「刃を研いで切れ味のよい刃をつくる」活動に取り組みました。力の入れ具合や刃の角度の絶妙な調整が必要となる刃物研ぎは、刃物の扱いに不慣れな中学生にとって容易なことではありません。生徒たちは、長い時間をかけて「思うようにできない自分」と向き合い葛藤しつつも、友だちと協同しながら刃物研ぎの技能を獲得していきます。そのなかで、いままで自覚していなかった自分の可能性に気づき、友だちや親への見方を変えながら、他人とともに物事に取り組むことに対する自信を得ていました。

第2章「ダイコンは人々の人生の結晶」では、生徒たちは、「ひとり一本のダイコンを育てあげる」活動に取り組みました。生徒たちは、土壌や肥料等の栽培技術を学びながらダイコンを育てることを通して、ごくありふれた野菜であるダイコンでも、きちんと育てるためには気を付けなければならないことがたくさんあるという事実を体感しながら学びます。これを通して、身の回りにある野菜への見方を変え、そうした野菜には農家の人々の知恵、苦労、努力が詰まっていることを、実感を伴って豊かにイメージできるようになりました。

第3章「テーブルタップ実習」では、生徒たちは、「安全に使えるテーブルタップをつくる」活動に取り組みました。生徒たちは、道具や製品のしくみや工夫に注目しながらテーブルタップを製作することを通して、ごくありふれた製品であるテーブルタップにも、人々の「困ったこと」を解決する画期的な知恵やアイディアが込められていることを実感しました。こうして得た実感をもとに、生徒たちは、魅力と実現可能性を両立させた夢のある新製品を構想することで、私たちの生活を支える製品を設計し生産するプロセスへの見方を深めました。

第4章「技術を学ぶ文化」では、生徒たちは、「先輩の作品を参考にして自分の作品を設計・製作する」活動に取り組む中で、先輩の作品に込められた知恵やアイディアに学びつつ、そこに自分なりの工夫を加えて新たな作品を作り上げました。この経験は、生徒たちの現実の製品を見る眼を鋭くさせました。そのうえで「身近な製品を再発明する」活動に取り組んだ生徒たちは、私たちが生きる社会や暮らしが，先人たちのアイディアや試行錯誤の上に作り上げられた技術によって支えられており、それを欠いては成り立たないことを実感しました。

ものづくりは中学生の「つながり」を変える

以上の4つのエピソードに共通するキーワードは、「つながり」です。

友だちと教え学び合いながら一緒に刃研ぎに取り組んだ生徒たちは、いままで知らなかった友だちの良さやすごさを知ることで、友だちの見方を変え、友だちとのつながりを深めました。また、授業で得た技能を活用して家の包丁の切れ味を見事に復活させることで、家族に認められ、家族とのつながりも深めていきました。

栽培技術を学びながらダイコンを育てたり、火災や漏電などの事故のない安全なテーブルタップをつくったりしながらものづくりのプロセスを学んだ生徒たちは、世の人々の役に立つものを作ってきた先人たちの知恵や工夫の価値に気付くことで、その裏側にある生産現場、そこで働く人々と自分とのつながりを見出したといえます。

先輩たちの作品と自分の作品とのつながりをきっかけとして、先人たちが積み上げてきた技術の過去・現在・未来のつながりを見出した生徒たちは、もはやこれ以降、身の回りの製品や技術を当たり前のものとしてみることはないでしょう。彼らは、学校外の日常生活でも、製品や技術の価値、またはそれらの足りない部分を自ら見出し、「こんな技術があったらいいな」と技術の未来を考えられるようになっていきます。

身の回りにある製品や技術の問題を他人ごとではなく「自分ごと」として考え、関心を高めることは、中学生たちと現実社会をつなぎ、中学生たちの学びをより確かなものにしていきます。こうした学びこそが、受け身的で抑圧されがちな学校の授業のなかで「もっと生き生きと活動したい、自分を試したい」と感じている中学生たちの想いを解き放つ、真の「主体的・協同的で深い学び」なのではないでしょうか。

ものづくりが中学生の成長にとってもつ価値

中学生は、子どもから大人への過渡期であり、親やまわりの大人から自立していく過程にあります。

この過程は、これまでの自分を否定したり、友だちとの比較から劣等感を感じて自信を失ったり、社会の厳しさに不安を抱えたりと、痛みを伴う不安定な自分さがしの時期です。彼／彼女らは、自分のことを考えるだけで精いっぱいで、自分以外の様々なものとのつながりを失い、孤立しがちです。表面上は反抗したりつっぱったりしても、中学生は、あらゆるものとのつながりを求めています。この過程は、自分以外のものとの関係を問い直し、新たな関係を築きつながっていくことで、自分自身を確立していく大切な時期です。

すでに見てきたように、ものづくりは、中学生が周りのものとのつながるきっかけを与えてくれる活動です。

自分の頑張りが使用価値のある製品として形に残ります。製品の完成までの道のりに「正解」はなく、そこには多様な方法やアイディアが生まれる余地があります。自分では思いつかなかった他人のやり方を知ることのおもしろさ。そこに他人との交流が生まれます。ごくありふれた製品であっても、自分でつくってみることではじめてわかることがあります。社会を支えるものづくりに携わる人々の願いや想い、労働を知ることができます。

ものづくりは、こうした具体的で幅のある活動であるからこそ、中学生と他者、中学生と社会をつなげる重要なきっかけとなり得ます。ものづくりは、中学生の課題に真正面から応える重要な活動であるといえます。

中学生が「自分でやってみる」機会を充実させよう！

ただし、なんでもよいから中学生にものづくりをやらせればよいというわけではない、と私たちは考えます。中学生が成長するものづくりのポイントとして、次の3点があげられると思います。

第一のポイントは、中学生が「やってみたい！」と思えることです。例えば、多くの中学生は、実在する製品やプロの技術に関わるものづくり、人の役に立つものづくりに関心をもちます。もちろんそれは、一定の品質や安全性などが問われるリアルなものづくりであり、簡単ではありません。中学生たちは、そうした困難を想像しつつも、それを乗り越えた先にいる新たな自分も同時に想像し、「やりたい！」と強い意欲を示します。

第二のポイントは、自分でじっくりとチャレンジできる環境づくりです。経験や知識が少ない中学生がいきなりよいものをつくれるはずがありません。むしろ、失敗や試行錯誤の過程にこそ学びと成長のチャンスがあります。中学生が思いっきりチャレンジできる時間、場所、材料、資料などを豊富に用意してあげることが必要です。

第三のポイントは、ものづくりに取り組む中学生を温かく支える大人の存在です。道具や機械を使用するものづくりは、中学生が自分で予測できない様々な危険や困難があります。また、経験のないことにチャレンジする中学生は不安でいっぱいです。大人たちは、「正解」を教えるというよりも、中学生のチャレンジを支え、彼／彼女らの求めに応じて助言を送ったり、気づきを促す問いかけをしたりすることが大切です。

きっと、ものづくりは、あなたが知らない中学生たちの新たな魅力ある一面を引き出してくれるはずです。本書をきっかけに、あなたも中学生とともに、ものづくりを楽しんでみませんか。

（柴沼俊輔）

あとがき

本ブックレットは、技術教育研究会が昨年5月に一藝社から出版した『小学校ものづくり10の魅力―ものづくりが子どもを変える』の続編として、左記有志グループが11回ほどの会合とMLなどによる協議を重ねて、編集しました。技術科の授業で生徒がみせるありのままの姿からその魅力を読み解く努力をしました。原案の執筆は、左記5名が行いました。ワーキング・グループの構成員は、執筆・編集者を含む以下のメンバーです。

執筆・編集者（掲載順）

柴沼俊輔〈はじめに、おわりに〉（宇都宮大学ほか非常勤講師、世話人）
直江貞夫〈第1章〉（工学院大学ほか非常勤講師、元埼玉県公立中学校技術科教諭）
吉澤康伸〈第2章〉（板橋区立志村第四中学校技術科教諭）
沼田和也〈第3章〉（同志社中学校教頭、技術科教諭）
川俣　純〈第4章〉（つくば市立竹園東中学校技術科教諭）
鈴木隆司〈はじめに、おわりにの対案〉（千葉大学教育学部教授・同附属小学校特命教諭兼務）

ワーキング・グループ　長谷川雅康（世話人代表）、柴沼俊輔（世話人）、平舘善明（世話人）、川俣純、直江貞夫、沼田和也、浅野陽樹、坂田桂一（世話人）、吉田喜一、内田徹、丸山剛史、竹谷尚人、中山義人、吉澤康伸、田中喜美、横尾恒隆、鈴木隆司、小嶋晃一、斎藤武雄、瀬川和義

一藝社の社長菊池公男氏をはじめ、取締役小野道子氏、編集部川田直美氏方には大変お世話になりました。記してお礼申し上げます。

ものづくりの魅力
—中学生が育つ技術の学び—

2017年12月15日　初版第1刷発行
2018年2月14日　初版第2刷発行

編　者　技術教育研究会
発行者　菊池 公男

発行所　株式会社 一藝社
〒160-0014 東京都新宿区内藤町 1-6
Tel. 03-5312-8890　Fax. 03-5312-8895
E-mail : info@ichigeisha.co.jp
HP : http://www.ichigeisha.co.jp
振替　東京 00180-5-350802
印刷・製本　亜細亜印刷株式会社

ISBN 978-4-86359-133-2 C3037

一藝社の本

小学校ものづくり10の魅力

ものづくりが子どもを変える

技術教育研究会・編

A5判　定価（本体900円＋税）

ISBN 978-4-86359-112-7

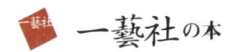